DES DÉGATS

CAUSÉS PAR LE GROS ET LE PETIT GIBIER

CODE

DE LA

RESPONSABILITÉ

DES PROPRIÉTAIRES DE BOIS ET FORÊTS

ET LOCATAIRES DE CHASSE

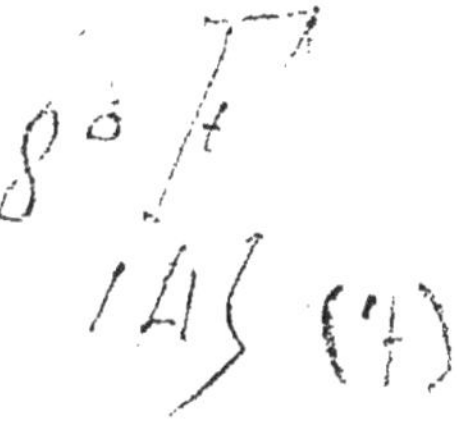

DES DÉGATS

CAUSÉS PAR LE GROS ET LE PETIT GIBIER

CODE

DE LA

RESPONSABILITÉ

DES PROPRIÉTAIRES DE BOIS ET FORÊTS

LOCATAIRES DE CHASSE

ET

DE LA COMPÉTENCE DU JUGE DES RÉFÉRÉS

DANS LES MATIÈRES

DONT LA CONNAISSANCE APPARTIENT AUX JUGES DE PAIX

ET AUX TRIBUNAUX DE COMMERCE

PAR

M. FRÉMY

Ancien Avoué-Plaidant, Juge-Suppléant au Tribunal civil de Senlis.

PARIS

A. DURAND ET PEDONE-LAURIEL, ÉDITEURS,

Libraires de la Cour d'appel et de l'Ordre des Avocats,

G. PEDONE-LAURIEL, Successeur

13, RUE SOUFFLOT, 13

1879

INTRODUCTION

De tout temps des contestations ayant pour cause des dégâts causés par le gibier ont existé entre les possesseurs de champs et les propriétaires de bois ; les progrès de l'agriculture et le développement de la passion de la chasse ont amené une certaine progression dans le nombre de ces sortes de contestations. Le cultivateur qui ne tire les produits de sa terre que par un dur labeur est jaloux de ses récoltes et le chasseur qui souvent, après une longue journée de fatigue, rentre chez lui le carnier léger, est peu disposé à payer des indemnités pour un gibier dont il s'empare si difficilement. De là naît une sorte d'antagonisme qui se traduit par des procès où l'amour-propre tient souvent plus de place que le véritable intérêt. En cette matière, la spéculation doit être sévèrement proscrite, mais d'autre part le dommage réel doit être réparé quelque minime qu'il soit, autrement, dans les pays de petite culture, le propriétaire de bois échapperait à la responsabilité parce que l'indemnité se répartirait entre un grand nombre de réclamants.

Il serait désirable que les controverses nombreuses qui existent sur le mode de constatation des dommages et aussi sur l'étendue de la responsabilité cessassent afin d'éviter un pétitionnement qui se produit depuis plusieurs années dans certains départements et je m'estimerais heureux si mon travail pouvait aider à atteindre ce but.

CHAPITRE PREMIER.

Gros et petit Gibier en général.

LAPINS.

1. Les jurisconsultes ne sont pas d'accord sur les caractères de la responsabilité qui incombe au propriétaire d'un bois autre qu'une garenne (1) ; les uns

---

(1) Des garennes sous la législation antérieure au Code civil.

1° Personne ne pouvait autrefois avoir une garenne ouverte, s'il n'en avait obtenu du roi la concession.

Il y avait deux sortes de garennes : les garennes ouvertes et les garennes fermées de murs ou de fossés remplis d'eau.

Les lapins multiplient si prodigieusement et ils causent de tels dégâts qu'à toutes les époques des mesures ont été édictées contre eux.

2° Le 28 décembre 1355, le roi Jean rendait une ordonnance portant : « art. 13, pour ce que lesdits maîtres de « noz eaues et forès et aucuns autres de nostre royaume, « ducs, contes, barons et autres nobles se sont efforcez « et efforcent de jour en jour de estendre et accroistre les « garennes anciennes, et de faire et acquérir nouvelles « garennes, pourquoy l'on ne peut labourer proufitable- « ment, mais demeurent les labourages à faire ; et quand « ils sont faiz, si sont-ils perdus et gastez : nous avons

considèrent que les animaux, auteurs des dégâts, appartiennent aux possesseurs des forêts, et ils puisent le principe de la responsabilité dans l'article 1385 du Code civil, ainsi conçu : « Le propriétaire d'un « animal, ou celui qui s'en sert, pendant qu'il est à « son usage, est responsable du dommage que l'ani- « mal a causé, soit que l'animal fût sous sa garde, « soit qu'il fût égaré ou échappé ; » Les autres au « contraire s'appuyant sur les articles 1382 et 1383 du même Code qui portent : article 1382. « Tout fait quel- « conque de l'homme, qui cause à autrui un dom- « mage, oblige celui par la faute duquel il est arrivé « à le réparer. » Art. 1383. « Chacun est responsable

---

« accordé et octroyé, accordons et octroyons *que toux* « *accroissemens de garennes anciennes* et les nostres- « mêmes, qui de nostre temps, ou du temps de nostre « très cher Seigneur et père que Dieu absoille, seront « faites et acquises, soient *du tout mises à néent*, et par « ces présentes *les ostons, mettons à néent, abatons du* « *tout,* et donnons congé et licence que chacun y *puisse* « *chacier*, et *prendre sanz* amende aucune. »

3° Dans une autre ordonnance de Charles V, de 1356, article 1er, il est dit : « Octroyons que toutes garennes et « accroissements de garennes élevés depuis quarante ans « soient du tout mis au néant, etc. »

4° L'article 242 de l'ordonnance rendue par Charles VI, le 25 mai 1413 porte : « est vrai que plusieurs seigneurs de nouvel et puis quarante ans ença, par la grande force et puissance et par la faiblesse, povreté et simplesse de leurs sujets et voisins, ont fait et introduit nouvelles garennes et *estendues les leurs anciennes*, outre les anciens teres, en despeuplant le pays voisin des hommes et habitans, et le peuplant de bêtes sauvages, parquoy les labourages et vignes des povres gens ont esté tellement dommagiez et gastez par icelles bestes sauvages, que icelles povres gens n'ont eu de quoi vivre et leur a convenu laisser leurs domi- ciles, qui est contre les ordonnances pieça faites par nos prédécesseurs, par lesquelles toutes nouvelles garennes ont

« du dommage qu'il a causé non-seulement par son
« fait, mais encore par sa négligence ou par son
« imprudence, » n'admettant la responsabilité du
propriétaire de bois qu'autant qu'il a manqué de vigilance en ne détruisant pas le gibier et les animaux
malfaisants et nuisibles;

A notre avis, l'article 1385 n'est pas applicable au
propriétaire d'un bois autre qu'une garenne dans
lequel des bêtes fauves ou des lapins séjournent, se
rassemblent ou même s'établissent naturellement
sans qu'il ait rien fait pour les y attirer ou les multiplier. Ces animaux réputés sauvages ne lui appar-

---

esté défendues et les anciennes ramenées à leurs premiers
termes ; pourquoy nous avons ordonné et ordonnons que
toutes nouvelles garennes faites depuis quarante ans ença,
soit les *nostres ou autres, soient ostées, adnullées* ou
abattues, et icelles *dès maintenant ostons, adnullons et
abattons.*

5° Enfin l'ordonnance de 1669, titre 30, article 11, est
ainsi conçu : « Les officiers de nos chasses seront tenus
dans six mois après la publication des présentes de faire
fouiller et renverser tous les terriers des lapins qui se
trouveront dans nos forêts, à peine de cinq cents livres
d'amende et de suspension de leurs charges pendant un
an ; et au cas qu'ils y manquassent dans ce temps, enjoignons aux maîtres particuliers, leurs lieutenants, nos procureurs et officiers de nos maîtrises de le faire incessamment, et de prendre les lapins avec furets et poches, sous
les mêmes peines.

Article 12. Nul ne pourra établir garenne à l'avenir s'il
n'en a le droit par ses aveux et dénombrements, possession
ou autres titres suffisans, à peine de trois cents livres
d'amende et en outre d'être la garenne détruite et ruinée à
ses dépens.

6° Cette dernière ordonnance ayant été mal exécutée, un
arrêt du Conseil du 21 janvier 1776 en a renouvelé les dispositions en ordonnant le renversement des terriers et la
destruction des lapins dans l'étendue des capitaineries.

tiennent pas; ils sont des *res nullius* comme tout gibier quelconque et deviennent la propriété du premier occupant;

Ce n'est donc pas dans l'article 1385 (1) que les riverains des bois pourront puiser le droit d'actionner les propriétaires de ces bois pour obtenir la réparation des dégâts causés aux fruits de leurs terres par le gibier, mais ils ne seront pas désarmés pour cela et ils pourront invoquer les articles 1382 et 1383 s'ils établissent que le propriétaire du bois a commis une faute soit en ménageant des abris, des terriers, des

---

Des garennes sous le régime actuel : 1° Le droit exclusif de la chasse et des garennes ouvertes a été aboli par l'article 3 de la loi du 4 août 1789, mais cette abolition n'a pas fait cesser la responsabilité dont l'ancienne jurisprudence chargeait les propriétaires des garennes ouvertes, à raison du dommage que leurs lapins causaient aux propriétés voisines. — 2° Cette responsabilité existe de plein droit en vertu de l'article 1385 Code civil pour les dommages causés par les lapins de garenne ; — Les lapins de garenne sont considérés par les articles 524 et 564 Code civil comme immeubles par destination et appartiennent au maître du fonds où ils se tiennent. — 3° Que faut-il entendre par garenne, et quels sont ses caractères constitutifs ? Pour qu'un bois puisse être réputé Garenne, il sera nécessaire que le propriétaire y ait fait exprès des terriers et exécuté certains travaux de nature à conserver et même attirer les lapins, à faciliter leur multiplication et à les protéger pour se les approprier.

(1) Arrêt de la Chambre civile de la Cour de cassation du 22 juin 1870. — La Cour: Attendu que le propriétaire d'un bois, *autre qu'une garenne, n'est pas responsable de plein droit des dégâts causés par les lapins qui se rassemblent dan· ce bois ;* que ces lapins n'étant ni sa propriété, ni en sa possession, ni sous sa garde, l'article 1385 Code civil n'est pas applicable et que le propriétaire ne peut être recherché; que s'il y a eu de sa part faute, né-

broussailles ou de grandes herbes de nature à propager la multiplication du gibier et à le protéger, soit même en négligeant de le détruire. (Cassation, 18 décembre 1877, la *France judiciaire*, 77-78, 2ᵉ partie, page 636 (3).

2. L'existence de gardes pour la conservation de la chasse n'implique pas nécessairement de la part du propriétaire de bois, l'intention de favoriser la multiplication du gibier au détriment des récoltes voisines, mais c'est une circonstance de nature à

---

gligence ou imprudence dans les termes des articles 1382 et 1383, en laissant les lapins se multiplier par suite du refus qu'il aurait fait de les détruire ou de les laisser détruire ;

Que le jugement attaqué se borne à constater que les dégâts dont se plaignaient Bouchard et consorts avaient été causés par des lapins sortis du bois de la Marlier, sans relever à sa charge aucun fait qui fût de nature à justifier une demande en dommages intérêts contre lui ; d'où il suit qu'en accueillant cette demande le tribunal civil de Chartres a violé les articles de la loi ci-dessus visés. Par ces motifs... Casse. Voir dans le même sens Cassation 21 août 1871 (Sirey, 1871-1-98) ; cassation, 6 janvier 1874 (Sirey, 1874-1-160) ; Cassation, 11 août 1874 (Sirey, 1875-1-29) ; Cassation, 10 novembre 1875 (Sirey, 1876-1-17).

(3) Manoury d'Irville contre Fauchet.

La Cour :

Sur le moyen unique tiré de la violation des articles 1382, 1383, 1385 du Code civil et 1ᵉʳ de la loi du 3 mai 1844 :

Attendu que si les lapins d'un bois ou d'une forêt causent du dommage à un voisin, le propriétaire du bois ou de la forêt peut être tenu à la réparation du préjudice souffert, non seulement quand ils lui appartiennent, comme lapins de garenne, ce qui suffit en pareil cas, d'après l'ar-

rendre cette intention vraisemblable et à autoriser
les juges chargés d'apprécier l'ensemble des faits, à
admettre la responsabilité du possesseur de forêts,
— La Cour de cassation (Chambre des requêtes), dans
un arrêt du 5 juillet 1876 *(la France judiciaire*, 76-
77, 2e partie, page 88), a déclaré responsable du dommage causé aux champs par des lapins et sangliers,
le propriétaire d'un bois qui a fait garder la chasse de
façon à empêcher les propriétaires voisins de se livrer
efficacement à la destruction desdits animaux. Nous
démontrerons, numéros 12 et 13 ci-après, que le pos-

---

ticle 1385, pour le rendre responsable des dommages, mais
encore bien qu'ils ne lui appartiennent pas comme animaux sauvages, lorsque se plaçant sous le coup de l'article 1383, il favorise ou facilite leur multiplication, en les
attirant ou en jles conservant, soit pour le plaisir de la
chasse, soit par négligence, et qu'il refuse de permettre ou
qu'il s'abstient de prendre des mesures, telles que des
battues, des chasses et le défoncement des terriers, pour
les détruire, avant qu'ils deviennent nuisibles aux fruits et
aux récoltes des terres environnantes ;

Attendu en fait, et suivant les qualités du jugement dénoncé, que Fauchet, qui occupe au bois Guillaume la
ferme de la Madeleine, à côté de laquelle est une terre en
nature de bois taillis, genêts et joncs marins, appartenant
à Manoury d'Irville et peuplée de lapins, prétend que son
voisin, loin de chercher à les détruire, leur ménage des
abris au moyen des terriers et des fourrés qui se trouvent
en grand nombre sur sa propriété et qui leur servent de
refuge

Attendu, suivant les mêmes qualités, que le sieur Fauchet, s'étant aperçu qu'ils dévastaient sur sa ferme une
pièce de terre ensemencée en blé, mit en demeure par une
lettre du 7 décembre 1876 Manoury d'Irville de les détruire,
et de faire procéder contradictoirement, entre les parties,
par un expert convenu, à la constatation du dommage,
mais que Manoury d'Irville, au lieu d'obtempérer à cette

sesseur du champ n'est pas tenu de procéder ou de concourir à cette destruction.

3. Le propriétaire d'un bois pourrait aussi être déclaré responsable des dégâts commis par les lapins qui s'y trouvent, s'il faisait détruire les bêtes fauves et les oiseaux de proie, dans le but de conserver le petit gibier.

4. On s'est demandé si le propriétaire de bois,

---

invitation, se contente d'offrir au sieur Fauchet la permission de les détruire lui-même, et de défoncer les terriers, sous la condition de laisser sur place les lapins tués et de répondre des dommages que lui ou ses préposés pourraient occasionner ;

Attendu que les dégâts déjà existants d'après la lettre du 7 décembre, suffisaient pour justifier la réclamation de Fauchet et fonder une action en dommages-intérêts ; que Manoury d'Irville ne pouvait plus se dégager de la responsabilité qu'il avait encourue ; qu'il ne l'aurait pu même en accordant la permission pure et simple de détruire les lapins ; et que dès lors Fauchet auquel il aurait été loisible de ne pas s'en tenir pour toute satisfaction à une offre semblable, a eu le droit à plus forte raison, dans les mêmes conditions, de refuser celle qui lui était faite et qui lui paraissait soumise à des restrictions inacceptables ;

D'où il suit que dans les circonstances données, en confirmant la décision interlocutoire par laquelle le juge de paix de Darnétal, avant de statuer au fond sur l'action de Fauchet, avait ordonné une visite de lieux et une expertise, à l'effet de vérifier l'existence et la cause du dommage allégué, le tribunal civil de Rouen n'a violé aucune loi ;

Par ces motifs,

Rejette le pourvoi du sieur Manoury d'Irville contre un jugement du tribunal civil de Rouen du 27 mars 1878, rendu au profit du sieur Fauchet.

1.

renfermant du gibier pouvant causer dommage aux récoltes, est tenu de détruire ce gibier sans attendre une mise en demeure des voisins, et si sa responsabilité est engagée tant que cette mise en demeure n'a pas eu lieu ?

Du moment où la responsabilité du possesseur du bois est basée sur une faute, l'absence de mise en demeure préalable ne peut exercer aucune influence sur le sort de la réclamation, les effets de la négligence ne se font pas sentir immédiatement, et c'est l'auteur de cette négligence qui peut mieux que tout autre se rendre compte des inconvénients qu'elle produira ; d'ailleurs les articles 1382 et 1383 du Code civil n'imposent nullement cette condition à la responsabilité de l'auteur de la faute ou du fait dommageable ; que, souvent même, le préjudice résultant d'une faute ne peut être prévu à l'avance ; une mise en demeure n'est donc pas nécessaire et son absence ne peut autoriser aucune fin de non recevoir contre l'action du voisin réclamant des dommages-intérêts. (Cassation, 10 juin 1863.)

5. Le riverain de la forêt pourrait-il, au lieu de demander la réparation du préjudice causé à ses récoltes, imposer au propriétaire du bois où gisent et se propagent les animaux nuisibles, notamment les lapins, l'obligation de les détruire complètement, par tous les moyens possibles, jusqu'à la dernière génération ? Ce serait là une prétention exorbitante au double point de vue du droit de propriété et de l'alimentation publique. Son application serait dangereuse, car si le propriétaire de bois, une fois condamné à détruire le gibier négligeait ou refusait de s'exécuter, il ne resterait plus pour sanction que de lui imposer le paiement d'une somme d'argent ou d'autoriser les riverains à se faire justice eux-mêmes.

Il est vrai qu'en matière d'échenillage, la loi du 26 ventôse an IV, confirmée par le paragraphe 8 de l'article 471 du Code pénal, impose aux propriétaires, fermiers ou locataires, l'obligation d'écheniller ou faire écheniller les arbres étant sur leurs héritages à peine d'amende ; et l'article 7 de la même loi porte que : « Dans le cas où quelques propriétaires ou fermiers auraient négligé de faire l'échenillage à l'époque fixée par les articles 2 et 6, les agents et adjoints le feront faire aux dépens de ceux qui l'auront négligé, par des ouvriers qu'ils choisiront. »

Cette prescription particulière du législateur nous paraît démontrer péremptoirement qu'en l'absence d'une disposition analogue, le propriétaire d'un bois ne peut pas être contraint à détruire le gibier, mais qu'il est seulement passible de dommages-intérêts.

6. Mais si les voisins du bois au lieu de tenter de contraindre le propriétaire à opérer la destruction du gibier ou de lui réclamer des dommages-intérêts, demandaient à pratiquer eux-mêmes cette destruction en pénétrant dans le bois pour y défoncer les terriers, ou faire d'autres actes, les tribunaux devraient-ils accueillir leur demande ? Je ne le pense pas. Il y aurait là une sorte de trouble au droit de propriété et une immixtion dangereuse au point de vue des rapports de voisinage, et je partage entièrement l'opinion émise, à cet égard, par M. Sorel, n° 44. — MM. Giraudeau et Lelièvre (la Chasse, n° 1097) sont d'un sentiment opposé. Les possesseurs du champ ne seraient pas non plus fondés à faire usage de drogues de nature à enivrer le gibier ou à le détruire. Ce serait une contravention à l'article 12 de la loi de 1844 sur la chasse. Cette question s'est présentée, notamment devant le tribunal de Rouen, qui par un jugement du 23 janvier 1878, a condamné un cultivateur à 50 francs d'amende pour avoir empoisonné des pommes avec de la strychnine et répandu cet appât sur ses terres avoisinant des bois.

7. Nous venons de démontrer que le propriétaire du bois est maître de sa propriété en ce sens que ses voisins ne peuvent le contraindre à détruire complétement le gibier qui s'y trouve et que leur droit se réduit à lui réclamer des dommages-intérêts.

Une autre question non moins grave se présente : celle de savoir si la présence du gibier dans un bois ne constitue pas pour le voisinage une espèce de servitude de situation ? C'est l'opinion de M. Sorel (*Dommages aux champs*, n° 3), de MM. Giraudeau et Lelièvre (*la Chasse*, n°s 1065 et 1086), et cette opinion a été consacrée par les décisions suivantes : tribunal de Corbeil, 9 décembre 1846 ; Justice de paix de Montereau, 22 décembre 1858 ; Justice de paix de Villeneuve-l'Archevêque, 16 juin 1866 ; Tribunal de Senlis, 18 août 1870 et 18 juillet 1877.

Cette théorie nous paraît contraire aux principes généraux qui régissent l'indépendance et la liberté des héritages.

« Une servitude est une charge imposée *sur un « héritage*, pour l'usage et l'utilité *d'un héritage* « appartenant à un autre propriétaire. » (Art. 637, C. civ.)

Cette importante définition nous révèle tout d'abord deux caractères essentiels de la servitude foncière et qui la différencient profondément des droits personnels, qui font l'objet du titre précédent.

La loi des 28 septembre - 6 octobre 1791 (tit. I, art. 1), avait posé l'un des grands principes du nouveau droit public de la France en ces termes :

« Le territoire de France, dans toute son étendue, « est libre comme les personnes qui l'habitent ; ainsi, « toute propriété territoriale ne peut être sujette « envers les particuliers qu'aux redevances et aux « charges dont la convention n'est pas défendue par « la loi ; et envers la nation, qu'aux contributions « publiques établies par le corps législatif et aux

« sacrifices que peut exiger le bien général, sous la
« condition d'une juste et préalable indemnité. »

Ce fut évidemment, dit M. Demolombe *(Traité des
servitudes*, t. I, p. 5), pour se conformer à cette déclaration de l'Assemblée constituante, et afin de la
consacrer de plus en plus, que les rédacteurs du Code
civil insérèrent eux-mêmes dans l'article 638 la disposition suivante :

« La servitude n'établit aucune prééminence d'un
« héritage sur l'autre. » (Voy. aussi art. 686.)

En présence de textes aussi clairs il n'est pas possible
de prétendre que les champs seraient assujettis à une
servitude envers les bois ; aussi les auteurs et les
jugements que nous avons cités plus haut se bornent-
ils à dire que la présence du gibier constituerait une
*sorte de servitude naturelle, préexistante à l'exploi-
tation*, ou une *espèce de servitude dont les inconvénients doivent être supportés dans de certaines limites*, etc. Ce ne sont pas là des raisons juridiques,
mais des mots vides de sens ; la loi ne reconnaît pas
de quasi servitudes ; elle ne consacre que les servitudes qu'elle définit ou celles qu'elle permet aux
propriétaires de constituer, et comme dans la matière
qui nous occupe on ne peut s'appuyer ni sur un texte
de loi, ni sur une convention, il faut bien reconnaître
qu'il n'existe aucune servitude en faveur du bois sur
le champ et qu'il convient de mettre de côté ce timide
et fragile argument.

Dans l'un des jugements ci-dessus visés (celui du
juge de paix de Montereau) il est dit : « *que c'est là
« une servitude naturelle préexistante à l'exploita-
« tion.* » Si cela est vrai dans certains cas, c'est le
contraire dans beaucoup d'autres, parce qu'en effet
tous les boisements ne remontent pas à la nuit des
temps, et un assez grand nombre sont de dates
récentes, d'ailleurs même pour les anciennes forêts
ce serait faire revivre un vieux droit féodal qui a
disparu en même temps que le droit de colombier.

Les jugements de Corbeil et de Senlis donnent comme motif que les bois *sont l'asile naturel* du gibier, et spécialement des lapins et ils en infèrent *qu'il y a là pour ainsi dire, une espèce de servitude inhérente à la situation des lieux.* Nous nous sommes déjà expliqué sur la prétendue servitude, et nous ne rappellerons pas les raisons que nous avons indiquées pour démontrer qu'elle n'existe pas; nous ajouterons seulement que c'est précisément parce que le gibier se fixe de préférence dans les bois, comme les chenilles se posent sur les taillis et arbres, que les propriétaires sont tenus d'en opérer la destruction; de même qu'ils doivent couper les branches lorsqu'elles s'étendent sur les fonds voisins; ce sont là des charges inhérentes à cette nature d'héritages que les possesseurs doivent supporter.

8. Nous avons quelquefois entendu soutenir que la responsabilité cessait, lorsqu'il était établi que le gibier ne dépassait pas la *quantité que le bois pouvait naturellement contenir.* Cet argument se rattache à l'idée de servitude que nous venons de combattre au numéro précédent, et, d'ailleurs, nous n'apercevons pas quelle serait la base d'appréciation. A notre point de vue, toutes les fois que le riverain justifiera d'un dommage réel, il devra être indemnisé. Admettre le contraire, ce serait ouvrir la porte à l'arbitraire. En effet, il pourra parfaitement se faire que dans un bois d'une contenance de cent hectares, il n'y ait que vingt lapins, et à première vue, on sera porté à penser qu'aucune faute ne peut être imputée au possesseur du bois; mais, examinant les choses de plus près, il pourra se faire qu'à cause de la nature d'une partie du sol, de la disposition des lieux et de l'âge du bois, les vingt lapins soient établis sur une lisière et à proximité d'un petit champ; tout le monde sait que dans une nuit cinq ou six lapins peuvent causer un dommage sérieux dans une récolte, soit en broutant les grains après qu'ils sont levés, soit en les coupant à l'époque de l'épiage ou quelque temps avant la moisson, ou encore dans une plantation ou semis de bois en coupant les jeunes plants ou arbrisseaux. Dans une nuit, un seul lapin coupera facilement vingt à trente pins ou autres plants. Est-ce qu'on pourra soutenir que le riverain n'a droit à aucune indemnité? Evidemment non! Le possesseur du bois sera condamné parce qu'il aura commis une faute en ne détruisant pas les vingt lapins qui se seront établis dans un coin de son bois. A ceux qui trouveraient notre opinion rigoureuse, nous répondrions que les propriétaires de bois véritablement désireux de détruire les lapins y parviennent facilement.

9. Si un particulier cultivait à proximité d'un bois où existent des lapins, des produits d'une nature délicate, pourrait-on voir dans ce fait une imprudence de sa part, suffisante pour modérer les dommages-intérêts? L'affirmative a été admise à notre connaissance par deux jugements : le premier du tribunal civil de Corbeil du 30 août 1855, ainsi conçu : « Le « tribunal, attendu qu'à la liste civile seule incombe, « aux termes des articles 1382 et suivants du Code « civil, la responsabilité du dommage causé par le « gibier de la forêt et du parc.

« Mais attendu qu'il y a lieu d'imputer une partie « du dommage à l'imprévoyance de Bonfils, qui n'a « pas craint de cultiver dans des terres presqu'entiè- « rement entourées par la forêt et le parc, et partant « exposées aux ravages du gibier, une nature de « récolte dont il savait le gibier très-avide ;

« Qu'il doit être tenu compte de cette imprévoyance « dans la fixation de l'indemnité ;

« Réduit à 4,240 francs 33 centimes l'indemnité « due à Bonfils pour le dommage causé à sa ré- « colte, etc. »

Et le deuxième du tribunal de Bernay du 30 avril 1872, dans lequel on lit les motifs suivants : « Attendu « que Mme de Montigny soutient, en outre, que Cor- « dier a commis une faute lourde en établissant ses « pépinières au milieu de ses bois, sans les protéger « par des clôtures et en défrichant aussi, sans auto- « risation de l'administration forestière, la parcelle « de bois qui lui a été louée par M. Geoffroy ;

« Attendu que Cordier, représentant de MM. Geof- « froy et de Gauville, avait le droit de retirer des « terres qui lui étaient louées, tout le profit qu'elles « pouvaient lui procurer, pourvu qu'il n'en fît pas un « usage prohibé par les lois et les règlements ; mais « qu'on doit reconnaître qu'en établissant, au milieu « des bois, des cultures permanentes et délicates « dont les lapins sont fort avides, il devait s'attendre « à souffrir dans une certaine mesure les dégâts « causés par ces animaux dont la destruction com- « plète ne pouvait être exigée ; que dans la fixation « de l'indemnité, il devra être tenu compte de cette « situation ;

« Par ces motifs, réformant la sentence du 1er août « 1871, réduit à 5,500 francs l'indemnité due par la « baronne de Montigny à Cordier ; confirme dans « toutes leurs dispositions les autres jugements dont « est appel, etc. »

Un pourvoi en cassation fut formé contre ce der- nier jugement, et dans l'arrêt de la Chambre des requêtes du 22 avril 1873 (S., 1873-1-321), on lit ces deux considérants : « Attendu qu'en présence de ces « faits par lui souverainement appréciés, le tribunal « était fondé à décider que les dommages causés aux « pépinières de Cordier, étaient le résultat de la négli- « gence de la baronne de Montigny et qu'elle en était « responsable dans la mesure qu'il a déterminée ; — « Attendu qu'en tenant compte des éventualités aux- « quelles Cordier s'était exposé en établissant ses « pépinières à proximité des bois, *le tribunal déclare*

« *devoir prendre cette situation en considération pour* « *fixer le chiffre des dommages-intérêts qu'il a en* « *effet réduits dans une forte proportion.* »

Si on s'en rapportait au sommaire de l'arrêt et à la note qui l'accompagne, on pourrait croire que la Cour de cassation a admis en principe que Cordier avait commis une faute ou au moins une imprudence en établissant une pépinière dans un vallon, au milieu de bois renfermant des lapins, tandis qu'il n'en est rien ; la Cour en effet s'étant bornée à relater la constatation de fait se trouvant dans le jugement du tribunal de Bernay.

Nous croyons avoir démontré au numéro 7 que les terres et champs riverains des bois ne sont affectés d'aucune servitude de situation ; d'où il suit que le possesseur du bois ne peut pas légalement se plaindre du mode de culture qu'il plaît à son voisin d'adopter. — Admettre le contraire, ce serait porter une grave atteinte au droit de propriété ; il est tout naturel que chacun tire de sa chose tous les produits qu'elle peut donner, et je me demande sur quelle raison on pourrait s'appuyer pour dire à son voisin : vous possédez un fonds excellent qui pourrait, il est vrai, vous produire le double ou le triple si vous changiez le mode de culture, mais comme cette transformation pourrait me gêner et m'obliger à détruire le gibier que renferment mes bois, gibier qui actuellement ne vous cause pas de dommage parce que votre fonds est également boisé, ne modifiez donc pas votre mode de culture. — Un pareil raisonnement ne serait pas soutenable, parce qu'encore une fois « la propriété est le droit de jouir et de dis- « poser des choses de la manière la plus absolue, « pourvu qu'on n'en fasse pas un usage prohibé par « les lois ou les règlements. » (Art. 544 C. civ.)

L'article 2 du décret des 28 septembre et 6 octobre 1791 avait déjà posé le même principe dans les termes suivants : « les propriétaires sont libres de

« varier à leur gré la culture et l'exploitation de
« leurs terres, de conserver à leur gré leurs récoltes
« et de disposer de toutes les productions de leur
« propriété dans l'intérieur du royaume et au dehors,
« sans préjudicier au droit d'autrui et en se confor-
« mant aux lois. »

Comment donc osera-t-on prétendre qu'un propriétaire de bois pourra dire à son voisin, comme le
faisait Mᵐᵉ de Montigny devant le tribunal de Bernay, si vous voulez protéger vos produits contre
l'avidité des lapins sortant de chez moi, faites en-
tourer votre terrain de planches ou autres clôtures
serrées !!

Il suffit d'énoncer de pareils raisonnements pour
en démontrer toute la fragilité.

M. Agnel (*Echo agricole* du 29 avril 1856, et M. Sorel, nº 52) partagent notre sentiment.

10. Mais si un propriétaire au lieu d'user libre-
ment et loyalement de son droit, faisait dans un but
de spéculation et pour attirer le gibier, de la culture
maraichère, par exemple, dans un sol absolument
impropre à ce genre de production, il serait juste de
lui refuser toute indemnité. (Jug. du tribunal de Senlis, du 23 juin 1878.) (1).

______

(1) Le tribunal, en ce qui touche la demande en indemnité relative aux choux, carottes et haricots détruits par
le gibier : Attendu qu'il résulte des documents de la cause
que, dans les terres louées par Tardif, la culture maraichère ne peut convenir en raison de la nature du sol ;
que, du reste, le prix de la location (24 francs l'hectare)
l'indique suffisamment ; que si des choux, carottes et haricots ont été par lui plantés, ce n'était pas pour obtenir une
récolte, mais seulement dans un but de spéculation fré-
quent dans le voisinage des bois pour attirer le gibier de
la forêt, et obtenir ainsi des indemnités supérieures au

11. Un propriétaire qui non-seulement ne ferait pas garder sa chasse, mais qui au contraire la laisserait entièrement libre, serait-il par là même déchargé de toute responsabilité vis-à-vis des riverains ?

La négative ne nous paraît pas douteuse, du moment où l'obligation qui pèse sur lui repose sur sa négligence ; s'il suffisait, en effet, à un possesseur de bois de dire, je ne suis pas chasseur ou je ne veux pas chasser, et je laisse pénétrer sur mon fonds quiconque aime ce délassement, ce serait un moyen trop facile de s'exonérer d'une charge de la propriété et de nuire impunément à ses voisins ; encore une fois c'est une obligation de prévenir la trop grande multiplication du gibier et de le détruire de façon à ne pas nuire à ses voisins ; à la vérité, certains auteurs, et même des décisions judiciaires, admettent que ceux qui souffrent des dégâts du gibier

----

produit normal de la terre ; qu'il n'est donc rien dû de ce chef.

Déclare Tardif mal fondé, etc., etc.

M. Sorel, en rapportant ce jugement, le fait suivre des observations suivantes : « Mais cette prétendue spécu-« lation ne doit pas se présumer, la preuve en incombe à « celui qui l'allègue. (Justice de paix d'Arpajon, 1er mars « 1872 ; décision des juges de paix 1872, p. 218.) En résumé, « si en cultivant ses terres, le fermier n'a fait que suivre « les usages du pays ou ceux des assolements, on ne « pourra lui adresser aucun reproche, et s'il y a eu faute « de la part du propriétaire voisin, il devra être indemnisé « sans aucune restriction. (Tribunal de Rambouillet, 30 dé-« cembre 1859 ; Justice de paix de Saint-Calais, 3 janvier « 1861 ; *Moniteur des Tribunaux*, 1861, p. 476.) C'est plu-« tôt dans les circonstances de la cause que dans les prin-« cipes rigoureux du droit, qu'on devra trouver la solution « d'une telle question. »

doivent coopérer dans une certaine mesure à la destruction, sous peine de voir réduire le dommage causé à leurs récoltes. — C'est là, selon nous, une erreur profonde, ainsi que nous allons le démontrer aux deux numéros suivants.

12. Dans le cas où le possesseur d'un bois y consent, les riverains sont-ils tenus de détruire le gibier qu'il renferme ou même de coopérer à sa destruction ?

Exiger un pareil labeur des parties lésées, ce serait déplacer les responsabilités, faire peser sur le propriétaire du champ l'obligation qui incombe au maître du bois, et établir la suprématie de celui-ci sur celui-là. — Plusieurs décisions, notamment du tribunal de Rouen du 10 mars 1858, du juge de paix de Gisors du 7 mars 1859, et des tribunaux de Corbeil du 16 janvier 1862, et de Château-Thierry du 14 février 1863, ont décidé que la destruction des lapins est à la charge de celui qui éprouve le dommage, ou que tout au moins le propriétaire du bois est déchargé de toute responsabilité, lorsqu'il a donné aux voisins l'autorisation de détruire, et cela par le motif que les bois sont l'asile naturel du gibier, et spécialement des lapins qui sont des animaux sauvages n'appartenant pas au propriétaire du bois. — Ces raisons n'ont rien de juridique et ne tranchent nullement la question ; il est en effet généralement admis, et nous-même croyons avoir démontré, numéro 1er ci-dessus, que le possesseur de la forêt n'est pas responsable en tant que propriétaire du gibier, mais seulement à raison de son imprudence ou de sa négligence que les juges ont mission de rechercher.

La question n'est pas nouvelle, et l'ordonnance du mois d'août 1669 l'avait résolue dans le sens opposé aux décisions citées plus haut (l'art. 11, tit. xxx) est ainsi conçu : « Les officiers de nos chasses seront

« tenus dans six mois après la publication des pré-
« sentes de faire fouiller et renverser tous les ter-
« riers des lapins qui se trouveront dans nos forêts,
« à peine de cinq cents livres d'amende et de suspen-
« sion de leurs charges pendant un an ; et au cas
« qu'ils y manquassent dans ce temps, enjoignons
« aux maîtres particuliers, leurs lieutenants, nos
« procureurs, et aux officiers de nos maîtrises de le
« faire incessamment, et de prendre les lapins avec
« furets et poches, sous les mêmes peines. »

Et l'article 19 porte : « Nul ne pourra établir ga-
« renne à l'avenir, s'il n'en a le droit par ses aveux
« et dénombrements, possession ou autres titres
« suffisants, à peine de cinq cents livres d'amende,
« et en outre d'être la garenne détruite et ruinée à
« ses dépens. »

13. Comme on le voit sous l'ordonnance de 1669, la destruction des terriers et des lapins n'était pas imposée à ceux qui éprouvaient le dommage, mais au contraire aux propriétaires des forêts et garennes : aucune loi spéciale postérieure n'a modifié les dispositions de l'ordonnance, et pour justifier la doctrine admise par les décisions citées plus haut, il faudrait trouver un point d'appui dans les principes généraux du droit, et c'est en vain qu'on le chercherait dans le titre du Code civil qui traite des obligations.

14. Le propriétaire du bois contigu au champ est-il responsable du dommage causé, s'il est certain que le gibier ne fait que traverser son fonds ?

La configuration et la contenance de l'héritage en bordure exerceront une grande influence sur la solution de cette question. En effet, s'il est constant que le bois contigu au champ est étroit, et que le propriétaire de ce bois, loin de chercher à y attirer les lapins, fait au contraire tous ses efforts pour qu'ils ne s'y fixent pas, aucune responsabilité ne pèsera sur lui. (Voir dans ce sens jugement du juge de paix de Crépy-en-Valois du 25 août 1855.)

Dans ce cas, l'action pourra être valablement dirigée contre le propriétaire de la forêt ou du bois se trouvant au delà, s'il est établi que c'est de cet héritage que sortent les lapins, et que le propriétaire a mis de la négligence à les détruire.

Ce que nous venons de dire ne concerne que les lapins. La solution serait-elle la même s'il s'agissait de dommages causés par les cerfs et chevreuils ? A notre avis, l'affirmative est certaine ; car le juge ne pourrait mettre à la charge du propriétaire d'un bois de cinquante hectares, touchant à une grande forêt comptant plusieurs milliers d'hectares, les dégâts causés aux champs voisins, parce qu'il est certain que c'est dans cette forêt que naissent et séjournent les grands animaux, et que c'est là seulement qu'ils peuvent être utilement chassés et détruits.

(Voir dans ce sens, jugement du tribunal civil de Senlis du 7 juillet 1874 ci-dessous). (1).

---

(1) Blanjot contre Bocquillon. En ce qui touche les dégâts occasionnés par les grands animaux : « Attendu qu'il est de notoriété publique que les grands animaux, tels que les cerfs et biches, ne font que *traverser* les bois de Baron qui ne sont pas de *dimension suffisante* pour leur fournir un refuge habituel ; que ces animaux vivent et séjournent dans les grandes forêts environnant les bois dont s'agit ; que Blanjot, locataire du bois de Baron, ne peut donc être tenu de la réparation du dommage causé, n'étant pas en faute de ne pas avoir détruit les fauves qu'il n'était pas en son pouvoir de détruire autrement qu'à leur passage ; qu'au surplus la récolte et la nature de la pomme de terre ayant lieu pendant le temps d'ordinaire fixé pour la fermeture de la chasse, le sieur Blanjot s'est

Comme conséquence de ce que nous venons de dire, nous pensons que le propriétaire du bois voisin du champ devrait souffrir sur son fonds les battues que le propriétaire de la forêt croirait devoir y pratiquer pour détruire les grands animaux. S'il s'y opposait, il commettrait une faute suffisante pour engager sa responsabilité.

M. Sorel, numéros 46 et 47, partage notre sentiment, et cite à l'appui de son opinion un jugement du tribunal civil de Mantes du 28 décembre 1866.

15. Une autre question peut se présenter. Plusieurs propriétaires de bois contigus sont actionnés en même temps comme responsables des dégâts causés aux récoltes voisines, et souvent il sera fort difficile de déterminer dans quelle proportion chacun d'eux sera tenu. Devra-t-on se préoccuper des contenances pour la répartition des dommages-intérêts? Evidemment oui ; mais cependant la contenance ne sera qu'un élément de la répartition. Le juge recherchera avant tout de quel côté il y a eu vigilance ou imprudence, et il mettra à la charge du propriétaire de bois où existent le plus de lapins la plus grosse part de l'indemnité. On s'est demandé si la solidarité existe dans ce cas. M. Nœuvéglise (*Moniteur des Tribunaux* du 8 décembre 1859) se prononce pour l'affirmative. « C'est, dit-il, la parti-
« cipation en commun au fait dommageable qui en-
« gendre la solidarité. Peut-on dire que les pro-
« priétaires des bois se sont concertés pour causer le
« dommage? Non, sans doute, et pourtant, nous
« n'hésitons pas à penser que chacun d'eux peut

---

trouvé dans l'impossibilité absolue de procéder à aucune destruction.

Par ces motifs déboute, etc.

« être tenu de la dette contractée par tous. Qu'im-
« porte, en effet, que les propriétaires de bois ne se
« soient pas entendus à cette occasion ; Il n'est pas
« question ici de leurs propres faits, mais des lapins
« qui peuplent leurs bois le jour, et qui, la nuit
« venue, se réunissent, se confondent, et vont ensem-
« ble dévaster la campagne. Chaque propriétaire de
« bois est responsable de tout le dommage vis-à-vis
« le créancier, parce que le dommge est le fait simul-
« tané de tous les lapins. L'obligation a été contractée
« conjointement ; elle doit former une dette indivi-
« sible. » (Art. 1222 du Code civil.)

Cette doctrine nous paraît contraire aux principes sur lesquels repose la solidarité.

L'article 1200, Code civil, porte : « il y a solidarité
« de la part des débiteurs, lorsqu'ils sont obligés à
« une même chose, de manière que chacun puisse
« être contraint pour la totalité, et que le paiement
« fait par un seul libère les autres envers le créan-
« cier. »

L'article 1202 ajoute : « la solidarité ne se présume
« point ; il faut qu'elle soit expressément stipulée. »

« Cette règle ne cesse que dans le cas où la solida-
« rité a lieu de plein droit en vertu d'une disposition
« de la loi. »

Donc, d'après ce dernier texte, la solidarité peut être constituée :

Soit par la volonté de l'homme,

Soit par la loi.

Il est inutile de faire remarquer que les propriétai-res de bois contigus n'ont fait entre eux aucunes stipulations conventionnelles :

Reste la solidarité légale ;

Le législateur, dans un certain nombre de dispo-sitions établit, de plein droit, la solidarité, mais aucun de ces articles ne peut être invoqué à l'appui de l'opinion de M. Nœuvéglise. En voici du reste la nomenclature :

(Code civil), articles 395-396-1033-1442-1734-1887-2002.

(Code de commerce), articles 22-140-187.

(Code pénal), article 55.

Décret du 18 juin 1811, article 156 concernant la condamnation aux frais contre tous les auteurs ou complices du même fait.

Tels sont les cas de solidarité légale.

Donc les riverains ne sont pas fondés à réclamer une condamnation solidaire contre les propriétaires de bois contigus. C'est aussi l'opinion de M. Sorel, numéro 48.

16. Il a été jugé récemment par un arrêt de rejet du 25 avril 1877 (de Prémont et de France contre Catoux, Sirey, 78-1-707), que le juge peut répartir les dommages causés par les lapins, par moitié entre le propriétaire du bois et le voisin, si, d'une part, le propriétaire du bois n'a pas fait procéder avec assez de soin au furetage des terriers de lapins, et si, d'autre part, le voisin a commis une négligence de même nature en mettant en culture un champ sans détruire les lapins qui s'y étaient établis. En semblable matière, la mission du juge consiste surtout à rechercher la véritable cause du dommage, et du moment où il reconnaît que les deux parties ont eu des torts égaux, rien de plus équitable que de mettre à la charge de chacune d'elles moitié du dommage : c'est une application du principe suivant lequel la responsabilité des dommages se partage entre l'auteur et la victime, en cas de faute commune. (Paris, 4 février 1870 ; — S. 1870, 2-324 ; Cass., 8 février 1875 ; S. 1875-1-204 ; Aix, 10 janvier 1877 ; S., 1877-2-336.)

17. Examinons maintenant une autre question : celle de savoir si, en dehors de toute stipulation des baux, les locataires d'une chasse de bois sont responsables envers le bailleur des dégâts causés aux taillis par les lapins.

Le preneur, d'après l'article 1728 du Code civil, est tenu d'user de la chose louée en bon père de famille et suivant la destination qui lui a été donnée par le bail, ou suivant celle présumée d'après les circonstances, à défaut de convention. Cela veut dire qu'il doit avoir de cette chose le même soin pour le conserver, qu'un bon et soigneux père de famille aurait pour la sienne propre.

Or, un propriétaire, bon administrateur, tout en se livrant aux plaisirs de la chasse, veille à la conservation de ses taillis, et s'il remarque que les lapins y causent dommage, il s'empresse d'en diminuer le nombre, de manière à conserver son immeuble dans sa condition normale. Lorsque le taillis est rongé, c'est parce que le gibier est trop nombreux et hors de proportion avec les ressources naturelles du fonds. Dans ce cas, le locataire est en faute, et il est passible de dommages-intérêts envers le bailleur. C'est en ce sens que le 14 février 1874, le tribunal civil de la Seine (5e chambre) a résolu cette question par les motifs suivants : « Attendu qu'il est manifeste « que la chasse du lapin a été pour les locataires un « divertissement tout à fait secondaire ;

« Que d'ailleurs, en tirant le lapin chaque année, « en octobre et en novembre, ils éviteront la plus « grande partie, sinon la totalité des dégâts dont se « plaint le demandeur ;

« Qu'ils ont à se reprocher de n'avoir pas récolté « le lapin, partie de la moisson à laquelle ils ont « droit, aux époques qui précèdent les dégâts que ces « ravageurs ont commis ;

« Qu'ils doivent donc être responsables du dom- « mage causé ;

« Qu'en effet, en l'absence de stipulation formelle, « la jouissance du preneur n'autorise jamais la des-

« truction de la chose louée, que le *jus utendi,* en un
« mot, n'autorise jamais le *jus abutendi.*

« Par ces motifs, etc. »

M. Sorel, numéro 64, exprime une opinion diamé-
tralement opposée à la nôtre, et comme nous ne
voulons pas affaiblir son argumentation, nous la
rapportons textuellement :

« J'avoue, dit-il, que la prétention des propriétaires
« de bois qui ont loué leur chasse, et qui réclament
« encore une indemnité, m'a toujours paru exorbi-
« tante ;

« Qu'on soit tenu de répondre aux actions des voi-
« sins, rien de plus naturel ; mais qu'on accepte une
« responsabilité vis-à-vis de celui qui loue sa chasse,
« voilà ce que je ne puis comprendre ;

« Comment admettre en effet que, d'une part, on
« spécule sur la présence du gibier, en louant fort
« cher le droit de le tuer ; et que, d'autre part, on
« tende encore la main pour demander la réparation
« d'un dommage causé, par quoi ? par ce même
« gibier ;

« Comment concilier ces deux idées? Sans gibier,
« point de préjudice ; mais aussi sans gibier, point
« de chasse.

« Est-ce que le propriétaire d'un bois, qui loue sa
« chasse à autrui, peut exiger de son locataire la
« destruction complète du gibier? Mais si le loca-
« taire agissait ainsi, le bailleur s'en plaindrait bien
« vite, car il n'y aurait plus de location possible pour
« l'avenir.

« Et, d'un autre côté, peut-il dire raisonnablement
« que s'il n'avait pas loué sa chasse, il eût, pour pro-
« téger son taillis, fait disparaître le gibier? Mais
« alors, il aurait eu en moins le revenu de la
« chasse. »

C'est ce que le tribunal de Melun a proclamé dans
son jugement du 28 février 1862, quand il dit « que
« le locateur d'un droit de chasse ne peut tirer profit

« d'un bail dont le prix a été fixé à raison de la plus
« ou moins grande quantité de gibier, et se faire un
« argument de cette circonstance de la multiplication
« du gibier pour formuler une demande en domma-
« ges-intérêts contre son locataire. »

« C'est également ce qu'a décidé en principe la
« Cour de Paris (4ᵉ chambre) le 23 janvier 1868, et le
« tribunal de la Seine (3ᵉ chambre) le 23 juin 1866. »

Pour arriver à une telle conclusion, M. Sorel et les
décisions qu'il cite, me paraissent avoir perdu de
vue les principes généraux du contrat de louage et
spécialement les obligations imposées au preneur.

Est-ce que le fermier de terres labourables peut les
cultiver de façon à les détériorer et effriter ? Est-ce
que son premier devoir n'est pas de les entretenir
dans un bon état de culture et d'engrais, afin de les
rendre à l'expiration de son bail, dans l'état où il les
a reçues ?

Est-ce que le locataire d'un jardin fruitier, au lieu
de se borner à recueillir la récolte, pourrait à défaut
de soins ou par abus laisser périr les arbres ?

Est-ce que le fermier d'une vigne ne doit pas la bien
façonner, la bien fumer, la bien entretenir d'échalas,
la provigner, et généralement la cultiver de la même
manière qu'un bon et soigneux vigneron cultiverait
sa propre vigne ?

Est-ce que le locataire d'un étang ou d'un vivier
pourrait dégrader les berges ou détruire les grandes
herbes au point de nuire dans l'avenir à la reproduction du poisson ?

Evidemment non !

Eh bien, le locataire d'une chasse doit en jouir suivant les usages, et comme le locateur en jouirait lui-
même. Il est de l'essence des bois de renfermer une
certaine quantité de gibier, mais jamais au point
d'amener la ruine et la destruction du bois. Le premier devoir du preneur est de conserver ce qui
forme la substance du contrat de louage, c'est-à-dire

l'ensemble des principales qualités qui rend la chose propre à l'usage auquel elle est destinée, et si on admettait le système que je combats, cette substance disparaîtrait, et le propriétaire au lieu de retrouver à l'expiration du bail un bois garni et productif ne recevrait qu'une friche impropre à la reproduction du gibier.

18. Dans le cahier des charges dressé par l'administration des forêts pour régler les conditions de la location du droit de chasse dans les bois de l'Etat, il est ordinairement stipulé que : 1° « la chasse de toute « espèce de gibier et de tous les oiseaux existant « dans les forêts affermées, sera exercée dans les « conditions déterminées par les arrêtés des préfets « pris en exécution des articles 3 et 9 de la loi du « 3 mai 1844, et avec les moyens ou procédés autorisés tant par ce dernier article que par lesdits « arrêtés ; 2° et qu'en temps prohibé la chasse des « animaux nuisibles pourra être exercée par tous les « moyens dont l'emploi sera autorisé par le préfet, « ou par des chasses et battues pratiquées confor« mément à l'arrêté du 19 pluviôse an V. »
On s'est demandé si ces dispositions combinées doivent être entendues en ce sens qu'elles confèrent à l'adjudicataire tous les droits de chasse qui appartiennent aux propriétaires, et lui délèguent en outre la faculté de détruire les animaux nuisibles, sous la seule condition à laquelle les propriétaires auraient été eux-mêmes tenus de se conformer, suivant les cas, soit aux prescriptions de l'article 9 de la loi du 3 mai 1844, soit à celles de l'arrêté du 19 pluviôse an V. Aucun doute sérieux ne nous paraît pouvoir s'élever, puisque d'après la stipulation du cahier des charges, le droit absolu de détruire en tout temps les animaux nuisibles appartient au locataire qui se trouve placé exactement dans les mêmes conditions qu'un propriétaire proprement dit (Voir cass., 13 juil-

let 1877, la *France judiciaire*, 77-78, 2ᵉ partie, p. 251).
De sorte qu'en cas de dommages causés aux riverains le locataire du droit de chasse ne serait
plus fondé à décliner toute responsabilité, en prétendant que le droit de destruction ne lui appartenant pas, il se serait trouvé dans l'impossibilité de
prévenir le dommage.

19. La responsabilité du propriétaire du bois prenant sa source dans les articles 1382 et 1383 du Code
civil, le locataire qui se trouve en son lieu et place
peut être déclaré responsable après l'expiration de
son bail, s'il est constaté, en fait, que les dégâts qui
motivent la réclamation des riverains ont pour cause
une négligence remontant à l'époque où le bail exis-
tait; il ne serait pas juste de faire peser sur le nouveau locataire ou sur le propriétaire les conséquences
d'une faute commise à une époque où il ne pouvait
rien faire pour la prévenir. (Cass., 20 mars 1878.)

20. Ordinairement, les procès en responsabilité
pour dégâts causés par le gibier sont intentés par des
personnes qui n'ont aucun lien d'intérêt avec celles
qu'elles attaquent; mais il peut arriver qu'un propriétaire en louant son domaine se soit réservé le droit
exclusif de chasse, et que le preneur ait renoncé à
toute réclamation pour dégâts; de là des questions
d'interprétation et même de validité des conventions.
Les recueils de jurisprudence rapportent plusieurs décisions fort importantes sur cette matière. Le 13 juillet
1855 la Cour de Paris ayant à statuer sur la clause
suivante : « Les preneurs ne pourront ni chasser ni
« faire chasser qui que ce soit sur les lieux loués,
« ni détruire le gibier d'une manière quelconque, les
« bailleurs se réservant exclusivement le droit de
« chasse pour eux et les personnes qu'ils y autorise-
« raient, ainsi que celui de faire planter des épines
« sur les chaussées pour la conservation du gibier,

« lesquelles épines devront y rester jusqu'au labour
« successif des pièces.

« Dans le cas où les preneurs reconnaîtraient que
» les lapins des bois ou remises se seraient multipliés
« de manière à nuire à leurs récoltes, ils devraient en
« donner connaissance depuis le mois d'octobre jus-
« qu'au mois de mars inclusivement, aux bailleurs
« qui s'engagent à les faire détruire dans le mois qui
« suivra la mise en demeure, et faute par les bailleurs
« de remplir cet engagement à la satisfaction des
« preneurs et dans le délai stipulé, ces derniers au-
» raient le droit de faire par eux-mêmes détruire les
« lapins au moyen de furets et de bourses seulement,
« et les lapins ainsi pris leur appartiendraient. — Au
» moyen de la faculté qui leur est accordée, les pre-
« neurs renoncent à tout autre recours contre les
« bailleurs pour cette cause. »

A débouté les fermiers de la demande en dommages-intérêts qu'ils avaient formée contre leur propriétaire, et ce par les motifs suivants :

« Considérant qu'en présence d'une pareille clause
« prévoyant tous les cas se rattachant au droit de
« chasse et au gibier d'une manière explicite et sans
« ambiguïté, et dont la généralité et l'importance
« n'ont pu échapper aux preneurs, il ne peut plus y
« avoir entre les parties qu'une question, celle de sa-
« voir, si, dans l'exécution de ladite clause, les bail-
« leurs ont méconnu, en ce qui les concerne, soit le
« texte, soit l'esprit de la convention qui doit être, il
« est vrai, interprétée de bonne foi, mais en même
« temps maintenue dans son objet et dans son but;

« Qu'il est constant, en effet, qu'il *a été dérogé d'une
« manière formelle au droit commun;* que les parties
« se sont fait une loi particulière qui les oblige, aux
« termes de l'article 1134 du Code Napoléon; qu'il ne
« suffit donc pas aux époux Levassor d'établir, comme
« dans un cas ordinaire, que leurs récoltes ont été en
« partie détruites par les lapins des bois ou remises

« appartenant aux bailleurs ; qu'il y a pour eux né-
« cessité de démontrer qu'il y a eu de la part des
« bailleurs soit incurie, soit négligence, soit mauvais
« vouloir, comportant violation des obligations, stric-
« tement limitées, prises par eux dans dans le bail ;
  « Considérant que la question étant ainsi posée
« dans ses véritables termes, il n'y a que trois faits à
« examiner, en ne perdant pas de vue toutefois la
« situation respective résultant du contrat, à savoir :
« 1° Le reproche fait aux propriétaires bailleurs de
« n'avoir pas, après la sommation a eux faite, em-
« ployé à la chasse des lapins et à leur destruction,
« dans le mois, le personnel et les engins suffisants ;
« 2° Le défaut d'entretien des bois ou leur entretien
« dans un état tel, qu'il devait nécessairement favo-
« riser la reproduction des lapins et empêcher leur
« destruction par bourses et furets ; 3° les ouvertures
« pratiquées dans la garenne de Bellay. »

Cet arrêt nous paraît avoir fait une saine application des clauses du bail qui ne renfermaient d'ailleurs
rien de contraire à la loi. — M. Sorel, n° 56, approuve
aussi cette décision.

21. Une autre question peut se présenter : dans le
bail, le fermier a renoncé à l'avance à toute action
vis-à-vis de son propriétaire pour dégâts provenant
du gibier qui se trouverait sur les terres louées, et
même de celui qui sortirait de bois voisins appartenant également au bailleur.

M. Gislain (des Conflits entre chasseurs, fermiers, etc.), pense qu'une pareille clause serait nulle
parce qu'on ne peut jamais s'affranchir par avance
de la responsabilité de ses faits personnels. — L'ex-
clusion d'une telle garantie, dit-il, n'est pas possible
en droit, parce qu'elle serait viciée par le dol et contraire au bonnes mœurs.

Sans être aussi absolu, M. Sorel, n° 58, après avoir
rappelé le jugement du tribunal de Corbeil du 14

février 1855, et l'arrêt de la Cour de Paris du 13 juillet suivant, qui ont admis que les parties peuvent se faire une loi particulière, aux termes de l'article 1134, Code civil, dit néanmoins qu'il ne faudrait pas pousser ce principe jusqu'à l'extrême rigueur, et que l'on devrait le faire fléchir si les dégâts prenaient des proportions par trop grandes, et si le propriétaire ou ses ayants droit ne faisaient absolument rien pour diminuer les ravages.

Cette manière équitable d'envisager la question est séduisante au premier abord, mais elle ne me paraît pas juridique; ce qu'il faut examiner avant tout, c'est la validité de la clause. Le propriétaire en faisant un large sacrifice sur le taux du fermage a-t-il pu s'affranchir de toute responsabilité? pourquoi pas? Le contrat de louage peut être mélangé *d'alea*. Outre les quatre contrats que l'article 1964, Code civil, énumère et qui ont un nom spécial, dit Troplong (*des Contrats aléatoires*, n° 17), il y a dans le droit beaucoup d'autres conventions aléatoires; la volonté des parties peut en multiplier le nombre à l'infini, et la loi ne saurait les prévoir. D'ailleurs les unes rentrent dans la classe des contrats déjà nommés, comme la vente, le louage, etc., etc., les autres échappent à une dénomination précise et restent dans la classe des contrats innommés.

La clause du bail pourra devenir très-dure pour le fermier, mais elle ne devra pas moins être exécutée parce qu'elle n'a rien de contraire à la loi (1).

---

(1) Pothier, du Contrat de louage, n° 178, dit : s'il a été expressément convenu que le fermier ne pourrait prétendre aucune diminution de sa ferme pour quelque accident que ce fût, cette convention est valable. Il n'est pas douteux qu'il ne peut prétendre, en ce cas, aucune remise pour raison de la perte, même totale, qu'il aurait faite des fruits par les grêles et autres semblables accidents.

22. La question que nous venons d'examiner a un caractère particulier résultant de conventions pouvant, dans une certaine mesure, faire loi pour les parties; maintenant examinons si le propriétaire qui s'est purement et simplement réservé le droit de chasse est responsable envers son fermier, des dégâts commis sur le terrain loué par le gibier existant dans ce terrain, la responsabilité du bailleur n'existerait que s'il laissait le gibier se multiplier dans une proportion anormale et sacrifiait aux plaisirs de sa chasse une partie notable des récoltes de son fermier (1). Dans ce cas, celui-ci pourrait invoquer à la fois et le principe général des articles 1382 et suivants sur la responsabilité des fautes, et l'article 1719, Code civil, qui oblige le bailleur à faire jouir paisiblement

---

On dira peut être : De quoi la ferme peut-elle être, en ce cas, le prix, puisqu'il n'y a point de fruits ? La réponse est, qu'elle est le prix de l'espérance incertaine que le fermier a eue de recueillir des fruits. Nous avons vu au traité du contrat de vente, n° 6, qu'une espérance incertaine était quelque chose d'appréciable, et qui pouvait se vendre ; d'où il suit que dans cette espèce, quoique le fermier n'ait perçu aucun fruit, la ferme peut être due comme le prix de l'espérance incertaine de ces fruits.

(1) Cassation, 19 juillet 1859. — La Cour : sur le premier moyen (violation des art. 1382, 1383 du Code Napoléon et fausse application de l'art. 1385) ;

Attendu que l'art. 1385 du Code Napoléon ne peut s'appliquer à la réparation du dommage causé par *le gibier en général*, puisque le gibier par sa nature sauvage ne peut être considéré comme étant en la possession ou sous la garde du propriétaire du domaine où il se trouve, et qu'en le décidant ainsi le jugement attaqué n'a pas violé ledit article ;

Attendu, quant à la prétendue violation des articles 1382 et 1383 du même Code, que la responsabilité prévue par ces articles ne peut être prononcée qu'autant que le

le preneur pendant la durée du bail. Les experts, et
après eux les juges, examineront et rechercheront si
le propriétaire n'a pas excédé son droit et a agi en
bon père de famille. Suivant M. Sorel, n° 54, l'action
du fermier n'est pas recevable si le gibier provient des
terres elles-mêmes ou de petites remises de bois
comprises dans la location parce que le fermier peut
se protéger lui-même en *détruisant* le gibier qui
ravage ses récoltes : cette faculté rentre, dit-il, dans
le droit de légitime défense. Malgré toute la confiance
que m'inspirent les solutions de M. Sorel, je ne puis
partager son opinion sur ce point et admettre que le
fermier pourra détruire le gibier, c'est-à-dire mettre
à néant la clause du bail réservant la chasse au propriétaire. — L'arrêt de la Cour de Paris du 21 août

---

dommage, objet de la plainte, a été causé par le fait de la
négligence ou l'imprudence de celui qui en est réputé
l'auteur ;

Que le jugement attaqué déclare, au contraire, que loin
d'avoir entretenu du gibier sur leur domaine et favorisé
sa multiplication, les époux de Lyonne ont par des
chasses et des battues fréquentes fait ce qui dépendait
d'eux pour détruire, éloigner et disperser le gibier existant sur leurs terres et dans leurs bois, et pouvant nuire
aux propriétés voisines ;

Que dès lors, cette déclaration, qui rentrait dans le pouvoir souverain des juges de fait, justifie, en l'absence de toute
faute constatée, le refus soit des dommages-intérêts, soit
même d'expertise, puisque les juges avaient les éléments
suffisants d'appréciation.

Sur le deuxième moyen (violation de l'art. 1719 du même
Code) ;

Attendu que le bailleur est tenu de faire jouir paisiblement le preneur de la chasse louée pendant la durée du
bail, et que si, par conséquent, il doit être tenu de le
garantir des préjudices que le gibier existant sur son domaine pourrait lui occasionner, cette obligation doit être

1840, cité par M. Sorel, est antérieur à la loi du 3 mai 1844 qui a abrogé l'article 15 de la loi du 30 avril 1790 d'après lequel le fermier pouvait en tout temps détruire le gibier dans ses récoltes en se servant à cet effet des filets et autres engins. C'est donc par erreur que M. Sorel enseigne que le fermier peut, sur la terre louée, se servir d'engins à l'époque des récoltes et est non recevable, par cette raison, à agir contre son propriétaire.

Le recueil annoté des lois, décrets et documents officiels relatifs à l'agriculture (année 1878, tôme Ier, article 33), relate une solution qu'il nous paraît utile de faire connaître à cause de son application particulièrement pratique dans les départements situés aux alentours de Paris (1).

---

renfermée dans les limites du droit commun, et pour le cas seulement où ce préjudice serait causé par son fait ; mais que du moment où il est décidé par les motifs ci-dessus, sur le premier moyen, qu'aucune faute n'est imputable aux défendeurs éventuels, Chereau et Michaux ne peuvent réclamer, comme fermiers des défendeurs, la réparation d'un préjudice qui ne provient pas de leur fait ;

Qu'ainsi, loin de violer les articles et les principes invoqués, le jugement attaqué en a fait une juste application :

Rejette.

(1) V. jugement du tribunal de Rambouillet du 30 décembre 1859. — Le tribunal, etc... Attendu, en outre, que quand bien même les cas fortuits causés par la nature de la propriété voisine appartenant au bailleur auraient été mis à la charge du preneur et que, dans l'intention des parties, les lapins auraient été considérés comme un cas fortuit, il n'en résulterait pas encore que le bailleur ne serait pas responsable des dégâts faits par ces animaux aux récoltes du fermier, si la permission de les détruire lui avait été refusée.

Qu'en effet, les faits calamiteux ne sont cas fortuits qu'autant que la prudence humaine ne peut les prévoir ou les empêcher ; mais qu'ils cessent d'être cas fortuits lorsque

23. Si le fermier ne peut pas pour protéger ses récoltes détruire le gibier à l'aide d'engins, il a le droit, conformément à l'article 9 de la loi du 3 mai 1844, de repousser ou de détruire les bêtes fauves ; cette faculté rentre dans le droit de légitime défense qui compète au fermier.

La destruction pourra avoir lieu même la nuit. En effet, la loi du 3 mai 1844, par son article 9 paragraphe 3, a reconnu aux propriétaires et fermiers le droit de détruire les animaux malfaisants et nuisibles, comme conséquence, non du droit de chasse qu'elle réglemente, mais du *droit de légitime défense* dont elle se borne à assurer l'exercice. (Cass., 9 août 1877. La *France judiciaire*, 1876-1877, 2ᵉ partie, p. 673.)

24. Nous venons d'expliquer au numéro 21 que la responsabilité du bailleur qui s'est réservé le droit de chasse, pourrait être engagée dans le cas où il aurait laissé multiplier à l'excès sur les terres louées le gibier, les lièvres, par exemple, et les lapins ; dans notre pensée, cette responsabilité ne pourrait être appliquée qu'autant qu'il y aura eu de la part du propriétaire une grande négligence et

---

la diligence du bon père de famille peut s'en garantir : que par conséquent, du moment où il lui est possible d'arrêter les conséquences du fléau naturel, le bailleur commence à en devenir responsable malgré la stipulation de son bail, s'il ne les a pas arrêtées ou s'il n'a pas permis à celui qui en souffre de les arrêter ; que le refus de permission est un fait personnel au bailleur, portant préjudice à son fermier, et qu'en stipulant que les cas fortuits resteraient à la charge de ce dernier il n'a pu entendre se décharger que des événements indépendants de sa volonté et non de ceux qu'il avait le pouvoir de faire cesser ;

Dit qu'il a été bien jugé, mal appelé, etc.

une faute bien caractérisée ; mais il n'en serait plus de même si le dommage provenait du gibier sortant de bois appartenant au même propriétaire et situés à côté des terres louées. Dans ce cas, le fermier, en demandant des dommages-intérêts, userait de son droit vis-à-vis de son propriétaire, comme il agirait vis-à-vis de tout autre possesseur de bois.

25. Les dégâts commis par le gibier peuvent-ils être compris dans les cas fortuits mis à la charge du locataire de la chasse ?

Je ne le pense pas. D'après l'article 1773, Code civil, les cas fortuits ordinaires comprennent : la grêle, le feu du ciel, la gelée et la coulure, et les cas fortuits extraordinaires, les ravages de la guerre ou une inondation, c'est-à-dire tous fléaux qui, assez souvent ravagent les fruits de la terre, sans que cependant il soit possible de savoir d'avance où et quand et s'ils arriveront !!

Les dégâts commis par le gibier pouvant être évités par la prévoyance et la vigilance, ne présentent pas les caractères des cas fortuits (1).

---

(1) A l'époque de la funeste guerre de 1870, le gouvernement de la défense nationale rendit le 13 septembre le décret suivant :

Sur la proposition du Ministre de l'intérieur ;

Considérant que les circonstances actuelles exigent que l'exercice du droit de chasse soit momentanément suspendu, — Décrète :

Art. 1er. Dans un délai de dix jours, à compter de la publication du présent décret, la chasse sera fermée dans tous les départements où elle est ouverte depuis le 16 août.

2. Indépendamment des peines édictées par la loi du 3 mai 1844 pour les cas délictueux qu'elle a prévus, une amende extraordinaire de 100 à 500 francs sera prononcée

26. Le paiement du fermage rendrait-il le fermier non recevable à demander à son propriétaire une indemnité pour dommage causé à ses récoltes par le gibier ? En principe, la renonciation à un droit ne se présume pas, et si la demande était formée à une époque assez rapprochée pour permettre la constatation des faits, aucune fin de non recevoir ne pourrait être opposée, et comme le fait justement observer M. Sorel, numéro 60, le fermage constituant une dette certaine et liquide, devrait être acquitté quand même.

27. Les riverains des bois réclamant des dommages-intérêts peuvent s'adresser au propriétaire de la forêt ou au locataire du droit de chasse, peu importe que le bail renferme une clause mettant à la charge du locataire le paiement de toutes indemnités. Cette stipulation n'aurait d'efficacité qu'entre le bailleur et le preneur.

Si l'action est dirigée contre le propriétaire, celui-ci appellera en garantie son locataire pour obtenir son recours contre lui. Les réclamants pourront exiger que le bailleur reste dans le procès pour obtenir, s'il y a lieu, condamnation contre lui.

Dans le cas où la cause du dommage remonterait en tout ou en partie à une époque antérieure au bail, le locataire serait fondé à mettre le propriétaire en cause pour se faire dédommager en totalité ou proportionnellement.

---

contre tout individu convaincu d'avoir chassé ou d'avoir colporté, vendu ou mis en vente du gibier pendant le temps de la clôture de la chasse.

3. Le produit des amendes dont il s'agit sera versé à la Caisse des secours pour les familles des soldats blessés.

4. Le Ministre, etc.

28. Tous les baux de chasse renferment une clause qu'impose aux locataires l'obligation' de répondre des dommages causés par le gibier vis-à-vis des riverains. Ceux-ci ont quelquefois cherché à dénaturer le sens de cette stipulation en prétendant qu'elle contenait la reconnaissance du principe de leur action, tandis que son seul but était évidemment d'exonérer le propriétaire de toute indemnité. (Voir notamment jugement du juge de paix de Lyons-la-Forêt du 8 août 1862.)

29. Pour s'exonérer du paiement des indemnités envers les riverains, le locataire du droit de chasse, dans un bois, peut-il, malgré le silence du bail, défoncer les terriers et détruire les grandes herbes et autres abris propres à attirer le gibier et à faciliter sa multiplication ? A mon avis, il y a lieu de distinguer entre les terriers anciens et qui existaient au moment du bail et ceux creusés depuis. Le défoncement des premiers est à la charge du propriétaire du sol et celui des seconds incombe au locataire du droit de chasse. C'est également au propriétaire et non au locataire de la forêt qu'il appartient, à moins de clause contraire dans le bail, de détruire les genêts, ronces et broussailles. Certains fourrés sont impénétrables pour le chasseur et les chiens ; ne pouvant en déloger le gibier et privé du droit de lui enlever une retraite aussi sûre, le locataire ne saurait être accusé de ne point détruire les lapins qu'il ne peut atteindre. Et je n'hésite pas à penser que le propriétaire qui ferait opposition à la sage précaution de son locataire devrait être condamné à payer tous les dommages.

30. Examinons à présent quelle serait, en cas de force majeure, résultant par exemple de l'occupation de la localité par l'ennemi, la situation des propriétaires de bois ou des locataires de chasses par rapport aux riverains qui leur réclameraient des indemnités ?

Si le fait de cette occupation avait rendu impossible pendant longtemps l'accès du bois, o u encore si un ordre du gouvernement avait défendu l'usage du fusil, etc. (1), la responsabilité du possesseur de bois ne serait pas engagée par la raison que personne ne pouvant prévoir ni empêcher la force majeure, personne n'en est garant de droit.

31. Les riverains ne seraient pas fondés à s'adresser au nu-propriétaire du bois. L'usufruit est le droit de jouir des choses dont un autre a la propriété, et comme le propriétaire lui-même, c'est-à-dire avec les mêmes prérogatives (art. 582 et 595 à 598) et aussi sous les mêmes charges (art. 608) ; or, c'est à l'usufruitier qu'incombe le défoncement des terriers et la destruction des broussailles et herbes servant de refuge au gibier et le nu-propriétaire ne saurait être inquiété pour des dégâts qu'il n'a pas dépendu de lui d'empêcher ; il y a plus, le nu-propriétaire pourrait agir contre l'usufruitier si ce dernier n'apportait pas dans sa jouissance toute la vigilance d'un bon père de famille et laissait le gibier se multiplier au point de nuire à la propriété dans l'avenir.

---

(1) Un arrêt de règlement du Parlement de Paris du 15 mai 1779 avait admis cette distinction, ainsi que cela paraît résulter de la disposition suivante : « Ordonne que, « quant aux dommages que les propriétaires et fermiers « prétendront avoir été causés par les *perdrix* et les *liè-* « *vres*, il sera permis aux Seigneurs des fiefs de faire faire « une visite par les experts à ce connaissant, pour consta- « ter si, relativement à la quantité de terrain qu'ils possè- « dent, il y a de cette espèce de gibier *plus que le terrain* « *ne peut en contenir.* »

CHAPITRE II.

LIÈVRES.

32. Si le lièvre est plus nomade que le lapin, il appartient comme lui à l'ordre des rongeurs et ne cause guère moins de dégâts aux champs. Convient-il d'établir, au point de vue de la responsabilité des propriétaires de bois, une distinction entre le dommage causé par les lièvres et celui provenant des lapins (1)?

---

(1) Un propriétaire de Seine-et-Marne avait loué ses terres à un fermier, en réservant expressément le droit de chasse dans le bail et il avait même stipulé : 1º que le fermier ne pourrait mettre aucun obstacle à ce droit de chasse ainsi réservé ; 2º qu'il ne pourrait prétendre aucune indemnité pour les dommages que causerait le gibier.

Un jour, pour prémunir ses récoltes contre les véritables ravages des lapins, le fermier établit des grillages autour de sa propriété, de manière à empêcher le passage du lapin du bois à la plaine ; cette barrière n'avait pas moins de 3,000 mètres de longueur.

Le propriétaire et les acheteurs de son droit de chasse ont demandé la destruction des clôtures et grillages.

Le tribunal a estimé que le fermier était exposé à une ruine complète et certaine de ses récoltes, s'il n'avait pas

La question est très-controversée. Pour justifier la responsabilité on dit : aux termes de l'article 1383, Code civil, chacun est responsable du dommage qu'il a causé non-seulement par son fait, mais encore par sa négligence ou par son imprudence. Ce principe de droit est applicable au cas où le propriétaire d'un bois y laisse multiplier excessivement les lapins, et il n'y a pas de raison pour ne point étendre le même principe aux lièvres qui causent des ravages dans la plaine ; que le même motif de décider s'applique aux lièvres comme aux lapins.

Dans le système contraire, on répond qu'à la différence des lapins qui, selon les expressions d'un ancien auteur, sont comme en la *puissance* du *propriétaire* auquel *appartient le buisson* ou *le terrier*, à cause de *l'habitude* et *accoutumance* qu'ils ont prise de retourner au même gîte, les lièvres ne sont pas *sédentaires* et ont toujours été considérés comme gibier de plaine aussi bien que de bois, et comme n'appartenant exclusivement à personne.

Je ne fais nulle difficulté de reconnaître qu'il existe une différence profonde entre les habitudes du lièvre

---

le droit de se protéger par un moyen quelconque contre le fléau qui le menaçait ;

Qu'il offrait d'établir dans les grillages autant de portes qu'on le jugerait nécessaire ;

Que les offres conciliaient, dans une sage mesure, les droits des parties.

Il a donné acte de ces offres au fermier. Il a déclaré que ce fermier serait tenu d'établir dans les grillages des portes battantes tous les quarante mètres ; il a exigé que ces portes soient ouvertes constamment depuis l'enlèvement des récoltes jusqu'au moment de l'ensemencement ; il a fixé à 300 francs les dommages-intérêts dus, pour le temps passé, par le fermier au propriétaire.

La Cour de Paris a dit, au contraire, que les grillages faisaient réellement obstacle au passage du gibier et à la

et celles du lapin, et que la responsabilité ne devra jamais être appliquée à un propriétaire de plaine. Le possesseur de bois seul pourra être atteint s'il a été négligent, s'il a favorisé la multiplication de ce gibier, et si sa propriété gardée sert de refuge aux lièvres qui portent préjudice aux héritages voisins. Les lièvres habitent autant le bois que la plaine, et ils se cantonnent dans le lieu où ils sont nés ; ils reposent dans des gîtes qu'ils se creusent à la superficie du sol et qu'ils savent retrouver. Chaque jour, à la nuit tombante, ils quittent leur gîte pour aller chercher leur nourriture dans la plaine où ils restent généralement jusqu'à la naissance du jour ; de sorte que le possesseur du champ ne peut pas se défendre contre leurs déprédations, et si l'action en dommages-intérêts lui était refusée, le fruit de son labeur ne servirait qu'à nourrir les lièvres de son voisin, ce qui serait tout aussi contraire à l'équité qu'aux intérêts de l'agriculture, qui a tant besoin d'être encouragée et protégée.

33. Dans les nombreuses décisions intervenues

---

libre circulation des chasseurs ; qu'en les établissant, le fermier avait donc contrevenu aux clauses de son bail ;

Que l'existence de portes battantes établies tous les quarante mètres ne ferait disparaître ni l'entrave, ni la gêne apportées au droit de chasse ;

Qu'il n'appartenait pas aux tribunaux de modifier des conventions très-claires, très-librement précisées et acceptées ;

Que justement, l'éventualité du dommage que les lapins étaient susceptibles de causer aux récoltes avait été prise en considération et avait amené une diminution dans le prix du bail.

La Cour a donc ordonné que les grillages soient détruits.

(Arrêt de la Cour de Paris du 26 mars 1878).

sur cette question, beaucoup sont basées sur des faits spéciaux, et on se tromperait fort si on les considérait comme des arrêts de principes.

Nous croyons devoir rapporter ici dans son ensemble les débats et les décisions intervenues à tous les degrés dans une affaire Chéronnet et Bourgeois contre Duval et autres.

« Le 11 février 1859, le juge de paix du canton de Creil a rendu un jugement ainsi conçu, qui fait suffisamment connaître les circonstances de la cause : — Attendu que du rapport de MM. Rouyer, Roussel père et Corbie, commis par ordonnance de M. le Président du tribunal de Senlis, ledit rapport déposé au greffe le 3 novembre dernier, il résulte que les dégâts commis par les lapins et par les lièvres sur les propriétés des demandeurs, riverains et voisins des bois de Chantilly, de la chasse desquels bois Bourgeois et Chéronnet sont locataires, ont été estimés à la somme de 1072 francs 22 centimes imputable aux lapins, et 46 francs aux lièvres ; — Attendu qu'il résulte des renseignements que nous avons pris que les dégâts causés à Louis-François Duval ont été omis par erreur dans ledit rapport, et doivent être estimés à la somme de 27 francs 30 centimes toute imputable aux lapins ; — Attendu que le rapport sus-énoncé est régulier en la forme et juste au fond ; — En ce qui touche les lièvres : — Attendu que si les lièvres sont plus nomades et plus vagabonds que les lapins, ils n'habitent pas moins autant les bois que les plaines ; qu'entretenus ou gardés pour le plaisir des locataires de la chasse, ils viennent comme les lapins chercher leur subsistance dans la plaine voisine, si bien que leurs délits sont plus apparents et plus sensibles sur la lisière du bois qu'au milieu de la plaine ; qu'ainsi il n'y a pas plus de raison d'exonérer les chasseurs des délits de leurs lièvres que des délits de leurs lapins ; — Par ces motifs, con-

3.

damne Bourgeois et Chéronnet à payer... suit l'indication des sommes afférentes à chacun des demandeurs. »

Appel par les sieurs Chéronnet et Bourgeois ; mais le 16 novembre 1859, jugement du tribunal de Senlis qui confirme la sentence du juge de paix dont il adopte les motifs.

. Pourvoi en cassation : 1° Pour fausse application des articles 1382, 1383 et 1385, Code Napoléon, en ce que le jugement attaqué « a déclaré les sieurs Ché-
« ronnet et Bourgeois responsables des dommages « causés aux voisins par les lièvres existant dans « les bois dont ils sont fermiers, bien qu'il s'agisse « d'animaux sauvages, des faits desquels le pro- « priétaire ou locataire des lieux dans lesquels ils « se trouvent ne saurait être responsable, et alors, « d'un autre côté, qu'aucun fait de négligence ou « d'imprudence imputable aux demandeurs ne fût « constaté.

« La Cour ; — En ce qui touche le moyen tiré de la « fausse application des articles 1382 et suivants, « Code Napoléon, concernant les lièvres : — Attendu « qu'il est déclaré par le jugement attaqué que ces « animaux sont entretenus et gardés dans les bois « dont la chasse est louée aux demandeurs en cas- « sation pour le plaisir de cette chasse ;

« Qu'ainsi, la décision fondée sur les articles 1382 « et 1383, Code Napoléon, est suffisamment justifiée ; « — Rejette, etc. »

Du 24 juillet 1860. — Chambre requête. — *Président*, M. Nicias-Gaillard. — *Rapporteur*, M. Poultier.

M. Leblond (Code de la chasse, n° 412) exprime une opinion conforme à la nôtre ; « Les lièvres, dit-il, « rongeurs non moins dangereux que les lapins, « bien que leurs habitudes ne soient pas les mêmes, « que leur séjour se partage entre le bois et la « plaine, et qu'ils soient quelque peu nomades ; leur

« trop grande multiplication peut constituer en effet
« un fléau redoutable pour les récoltes. Nous remar-
« querons cependant, qu'à notre avis, le juge doit se
« montrer ici rigoureux et difficile quant à l'admis-
« sion de la preuve de la faute ou négligence du dé-
« fendeur ; il ne saurait non plus en général fixer à
« un chiffre élevé l'indemnité réclamée, car il con-
« vient de ne jamais oublier que le dommage, quand
« il existe, est causé par un animal qui habite égale-
« ment la plaine et le bois, et que le propriétaire de
« ce bois ne doit répondre que des dégâts causés par
« le seul gibier sortant de ce dernier endroit. »

Cette opinion est conforme à celle que nous avons
émise plus haut, en disant que le propriétaire de la
plaine ne pouvait jamais être recherché pour dégâts
dé gibier.

MM. Giraudeau et Lelièvre (la chasse, nº 1102),
tout en adoptant le principe de la responsabilité aussi
bien pour les dégâts commis par des lièvres que
ceux commis par les lapins, admettent cependant
qu'il faudra, lorsqu'il s'agira de lièvres, se montrer
plus difficile à admettre la preuve du dommage et la
négligence du propriétaire.

M. Sorel, numéro 73, est encore plus exigeant et
subordonne la responsabilité du propriétaire de bois
au fait d'avoir *lâché* dans son domaine une certaine
quantité de lièvres ; — Nous ne voyons pas pourquoi
le propriétaire de bois qui a, pour rendre sa chasse
plus giboyeuse, laissé se multiplier les lièvres n'en-
courrait pas la même responsabilité que celui qui a
apporté des levrauts puisque dans un cas comme
dans l'autre, il y a eu faute.

34. Parmi les tribunaux qui ont proclamé qu'il
n'y avait aucune raison de distinguer entre les lièvres et les lapins. — Voir notamment : Beauvais,
5 mars 1841. — Corbeil, 2 décembre 1847. — Justice
de paix de Boissy Saint-Léger, 14 août 1847, 9 dé-

cembre 1848. — Justice de paix de Creil, 11 février 1859. — Senlis, 16 novembre 1859. — Cassation, 24 juillet 1860. — Senlis, 29 décembre 1866. — Justice de paix de Condé-en-Brie, 2 avril 1868. — Senlis, 23 juin 1870.

A l'appui de l'opinion contraire, on peut citer Justice de paix de Fontainebleau, 14 janvier 1856. — Justice de paix de Montereau, 22 décembre 1858. (Ce jugement repose sur des circonstances particulières suffisamment révélées par le motif suivant : « Attendu « qu'à raison de la grande étendue des fermes exploi- « tées par les demandeurs, à raison aussi des cultures « de racines plus largement faites dans ces grandes « exploitations, etc.) » Le tribunal de Fontainebleau 3 février 1859 (ce jugement relève encore ce fait spé- « cial), que si les terres exploitées par les appelants « sont contiguës aux bois du comte de Lyonne, qui, « en les louant, s'est réservé le droit de chasse, elles « sont aussi dans le voisinage de bois *appartenant à* « *d'autres propriétaires.* » Dans ces circonstances, les experts seraient inhabiles à constater, comme ils pourraient le faire en ce qui concerne les lapins, si les dégâts ont été occasionnés par *des lièvres entre- tenus dans les bois de M. le comte de Lyonne.* Donc le motif déterminant pour le tribunal a été *l'impos- sibilité de constater avec certitude de quel bois sor- taient les lapins,* de telle sorte que ce jugement est en réalité favorable à la thèse que je défends. — Justice de paix de Nogent-sur-Seine, 3 août 1859. (Ce jugement se termine ainsi : « Attendu que, pour rendre responsable M. Perrier, il faudrait qu'il fût positivement établi qu'il est coupable, soit de négli- gence pour ne pas avoir fait détruire les lièvres de ses bois, soit d'imprudence pour avoir facilité leur reproduction ; que ni l'un ni l'autre de ces griefs ne peut lui être reproché. Nous sommes donc encore obligé de faire remarquer que c'est par erreur que l'on cite ce jugement comme contraire à la respon-

sabilité, puisqu'il constate que le juge ne s'est déterminé que par une raison de fait sans laquelle sa
décision eût été dans le sens opposé. (Justice de paix
de Dourdan, 14 juillet 1870.)

CHAPITRE III.

FAISANS. — PERDRIX.

35. La multiplication normale des faisans et des
perdrix, dans les bois, ne peut atteindre des proportions de nature à nuire aux récoltes, et je ne pense
pas que les riverains puissent réclamer pour cette
cause des indemnités aux possesseurs de forêts ;
mais il en serait autrement si le maître du bois faisait élever de jeunes faisans et des perdreaux et les
lâchait ensuite. Dans ce cas, sa responsabilité serait
engagée et il devrait répondre de l'importance des
dommages causés. *Sic*, Sorel, numéro 74, et Leblond,
numéro 412, paragraphe 5.

Cette question s'est présentée devant le Tribunal
civil de Senlis, le 23 juin 1870 ; la réclamation du
riverain fut écartée par le motif que le dommage était
insignifiant et *n'excédait pas la servitude* imposée
naturellement aux voisins. Je me suis déjà expliqué,
numéro 7 ci-dessus, sur cette prétendue servitude de
situation, et je prie le lecteur de vouloir bien s'y re-
porter.

CHAPITRE IV.

---

36. Les pigeons ne sont, dans le sens propre du mot, ni des volailles, ni des animaux domestiques ; mais ce sont des animaux dont le maître du colombier est propriétaire ; d'où il suit qu'il est tenu, par l'action civile, de réparer le dégât qu'ils causent dans les champs, si le réclamant établit l'identité de ces volatiles.

Aux termes de l'article 2 du décret du 4 août 1789, dit Dalloz, v° responsabilité, numéro 733 : « les pigeons seront enfermés aux époques fixées par les communautés. Et pendant ce temps, ils seront regardés comme gibier, et chacun aura droit de les tuer sur son terrain. » (V° Chasse, n° 196 ; Droit rural, n°ˢ 131 et suiv.) On a élevé la question de savoir si l'exercice de ce droit de tuer les pigeons est un obstacle à l'action civile. M. Henrion de Pansey enseignait l'affirmative, par le motif que les pigeons sont alors considérés comme des bêtes fauves qui n'appartiennent à personne. Mais son opinion n'a pas été suivie. Elle est condamnée par Merlin, Toullier et Sourdat, *loc. cit.* Nous nous rangeons à ce dernier avis : l'équité veut que le préjudice causé soit réparé ; d'ailleurs, le maître du colombier a commis une faute dont il doit être déclaré responsable, en laissant sortir ses pigeons en temps prohibé. Il ne doit donc pas être traité avec plus de ménagement que celui qui les laisse sortir en temps ordinaire. Le droit de tuer les pigeons sur son terrain est un moyen évidemment impuissant pour se préserver du dommage que peuvent causer ces animaux.

CHAPITRE V.

PIGEONS RAMIERS, TOURTERELLES, PIES, GEAIS ET CORBEAUX.

37. Les pigeons ramiers et les tourterelles vivent en liberté et se perchent sur les branches des arbres; ils causent quelquefois des dommages sérieux aux récoltes, notamment aux colzas ; mais les possesseurs des futaies dans lesquelles ils se nichent ne sont pas responsables des dégâts qu'ils peuvent causer dans les plaines ; ordinairement ces oiseaux sont classés par arrêté préfectoral au nombre des animaux malfaisants et nuisibles et leur destruction se trouve ainsi singulièrement facilitée ; elle est d'ailleurs permise par l'article 9 de la loi du 3 mai 1844, comme droit de légitime défense (1). Même raison-

---

(1) Caen, 11 avril 1877, Sirey, 1878-2-101.

Bidel. — Arrêt.

Un jugement du tribunal correctionnel de Bayeux l'avait ainsi jugé par les motifs suivants : — « En fait : — Considérant que le 16 janvier 1877, à six heures et demie du soir, avant la clôture de la chasse, l'inculpé, muni d'un permis de chasse, a été vu sur un chemin d'exploitation qui appartient à son père et traverse le bois de celui-ci ; qu'il était alors embusqué avec son fusil et s'apprêtait à tirer des pigeons ramiers qui venaient de se poser sur un arbre ; — qu'à raison de ce fait, il est inculpé d'avoir

nement pour les pies, geais et corbeaux. MM. Leblond, numéro 414, et Sorel, numéro 87, expriment la même opinion.

CHAPITRE VI.

___

CERFS, BICHES, CHEVREUILS ET DAIMS.

38. Il est admis que lorsque les dégâts causés aux propriétés voisines d'un bois l'ont été par des animaux sédentaires, tels que lapins ou lièvres, le seul fait par le maître du bois, d'avoir négligé de

___

chassé pendant la nuit ; — En droit : — Considérant que l'article 13 de l'arrêté pris le 20 mars 1862 par le préfet du Calvados, en exécution de l'article 9, n° 3 de la loi du 3 mai 1844, détermine les espèces d'animaux malfaisants et nuisibles que le propriétaire, fermier ou ayant droit, peut en tout temps détruire sur ses terres, et les conditions de l'exercice de ce droit ; — que cet article 13 comprend les pigeons ramiers et autorise leur destruction par les personnes sus-indiquées, en tout temps et sans permis sur leurs terres ; — que l'article 14 permet l'emploi du fusil, notamment pour les pigeons ramiers, du 1er octobre au 15 février ; — Considérant que les mots « en tout temps » desdits articles 9 et 13 comprennent, non-seulement le temps pendant lequel la chasse est close, mais encore la nuit ; — Qu'en effet, il résulte de la discussion de la loi du 3 mai 1844, de la circulaire du ministre de l'intérieur du 20 mai 1846, et des termes mêmes de l'article 9, que cet article ne donne pas un droit de chasse, mais un droit de destruction ; qu'il s'agit là, pour le propriétaire, d'un droit de légitime défense, ayant pour objet de préserver ses récoltes ; — Considérant qu'il serait inadmissible qu'il restât désarmé et dans l'impossibilité de défendre ses propriétés,

détruire ces animaux suffit pour engager sa responsabilité ; mais en est-il de même lorsque les dégâts sont dus à des animaux qui peuvent, jusqu'à certain point, être considérés comme nomades, tels que cerfs, biches, etc. Sans doute, ces animaux sont *res nullius* et ne rentrent pas toujours au même gîte, mais ils y retournent souvent et ils sont pour les terres voisines un danger presque permanent ; mais, nous dira-t-on, cela tient à ce que le fonds étant affecté à la production forestière, les animaux peuvent s'y abriter et y trouver des glands, des faînes, des racines, etc., pour leur nourriture. Or chacun est libre d'affecter son sol à la production qui, dans sa pensée, doit lui procurer le plus d'avantages. Oui, sans doute, vous pouvez faire de votre fonds ce que

---

aussi bien la nuit que le jour ; — Que le pigeon ramier ne se laisse guère surprendre que la nuit ; — Que le droit de le détruire le jour seulement serait pour ainsi dire illusoire ; — Qu'il en est ainsi de presque tous les animaux nuisibles et malfaisants ; — Qu'il faut entendre lesdits articles dans le sens où ils produisent quelque effet, et admettre que le législateur, en autorisant la destruction, a voulu en même temps en autoriser les moyens ; — Que l'affût, pendant la nuit, lorsqu'il a pour but cette destruction, ne saurait donc être considéré comme un délit tombant sous l'application, soit de l'article 11, n° 3 de la loi du 3 mai 1844, puisque l'arrêté préfectoral ne contient aucune défense contre cette destruction pendant la nuit, soit de l'article 12, n° 2, puisque cette destruction n'est pas un fait de chasse ; — Par ces motifs, déclare Bidel acquitté. »

Appel par le ministère public.

Arrêt.

La Cour : — adoptant les motifs des premiers juges ; — confirme, etc.

Du 11 avril 1877. — Cour Caen, Chambre correctionnelle. — MM. Piquet, président ; Détourbet, substitut.

bon vous semble, mais à la condition toutefois que vous ne dépasserez pas les obligations ordinaires du voisinage. Si les vapeurs de la fumée d'une usine endommageaient les récoltes voisines, le propriétaire de cet établissement en serait responsable (1) ; de même que les Compagnies de chemins de fer indemnisent journellement les riverains de leurs lignes, des dommages que leur causent la fumée et le feu s'échappant de leurs locomotives ; pourquoi alors la

----

(1) Cass., civ., 25 août 1869. (Sirey, 1869-1-473.) Beudin contre Roumiguière.

Une usine pour le traitement du minerai de zinc, de plomb et de cuivre a été fondée à Viviez (Aveyron), après autorisation administrative du 19 avril 1862. Les voisins eurent plus d'une fois à se plaindre de l'exploitation de cette usine, et le propriétaire fut condamné à leur payer des indemnités qui, en 1865, s'élevèrent à 1,900 francs. Depuis lors, les sieurs Roumiguière et autres, prétendant que le dommage qui frappait d'abord les récoltes s'était étendu aux fonds eux-mêmes, dont, disaient-ils, la valeur se trouvait notablement dépréciée, ont intenté pour cette cause devant le tribunal civil de Villefranche, une action en dommages-intérêts contre le sieur Beudin, directeur de l'usine.

Le 3 mai 1866, jugement qui, après expertise, fixe à 4,440 francs le dommage éprouvé par le sieur Roumiguière, et à 4,400 francs celui éprouvé par chacun des autres propriétaires.

Sur l'appel de Beudin, un arrêt de la Cour de Montpellier du 15 janvier 1867, a rejeté divers moyens invoqués par ce dernier et confirmé le jugement dans les termes suivants : — Attendu que l'autorisation administrative dont Beudin se prévaut n'a pu être et n'a été accordée que sous la réserve des droits des tiers ; que le droit des tiers est ouvert et peut être utilement exercé dès le jour où l'usine autorisée leur cause une incommodité ou un préjudice qui dépasse la mesure du bon voisinage ; que la Cour n'a pas à s'occuper du point de savoir si le préjudice qui résulte

même responsabilité ne peserait-elle pas sur le possesseur d'une forêt donnant asile au gros gibier qui bouleverse et dévore les céréales sur toutes les terres riveraines. On dirait en vain que ce possesseur est impuissant à empêcher ces animaux de pénétrer chez lui et de s'y fixer au moins pour quelque temps, parce qu'il s'opère un passage, un échange continuel d'animaux de cette sorte et qu'il est impossible de savoir si les dégâts émanent des fauves de passage ou de ceux qui habitent ordinairement.

---

pour les intimés de l'établissement de l'usine dont il s'agit et du fonctionnement de cette usine, dépasse la mesure et la tolérance qu'imposent les relations du voisinage ; qu'elle n'a pas à s'occuper non plus du point de savoir si cette usine est la cause exclusive du dommage souffert par les intimés ; car, indépendamment du rapport d'experts et de la notoriété, ces questions ont été résolues par l'appelant lui-même ; qu'en effet, l'appelant reconnaît que, depuis l'établissement de son usine, il a payé annuellement aux intimés une indemnité réglée tantôt amiablement, tantôt judiciairement, sans élever le moindre doute sur la cause du préjudice qu'il se chargeait ainsi de réparer, et qu'il attribuait lui-même aux émanations délétères de son usine ; que cette appréciation, émanée de la partie intéressée, dont on ne saurait alléguer l'ignorance, offre des garanties plus sûres que celles qui pourraient résulter des données conjecturales de la science ; qu'il est bien allégué aujourd'hui, pour la première fois, que le dépérissement des récoltes des intimés pourrait être le résultat de certaines influences atmosphériques, ou de la négligence et de la mauvaise administration des propriétaires, mais que ces allégations qui se produisent comme de simples hypothèses, ne sont appuyées sur aucun fait précis, et pourraient tout au plus être vérifiées par une enquête qu'on ne provoque pas, et non par une expertise qui ne peut constater que l'état actuel des lieux ; que, d'ailleurs, les explorations auxquelles se sont livrés les experts nommés par les premiers juges et les renseignements par eux recueillis sur

Cette objection ne me touche pas, parce que, comme je l'ai dit plus haut, ce peuplement de grands animaux est dû à l'affectation donnée au sol par le propriétaire ou ses auteurs, et que par conséquent, le possesseur de ce fonds (de même que l'usinier ou l'exploitant de lignes ferrées), recueillant les avantages doit subir les inconvénients, c'est-à-dire indemniser ses voisins. Toutefois, si la constatation avait établi que le dommage provenait d'une harde qui

---

les indications de l'appelant ne peuvent laisser aucune incertitude sur les véritables causes du préjudice ; ..... — Attendu que le mode de réparation adopté par les experts ne présente pas l'inconvénient de soumettre l'appelant à une double indemnité pour un seul et même préjudice ; qu'en effet, nul ne peut avoir la pensée de maintenir l'évaluation des récoltes annuelles ou avariées dans l'avenir au taux adopté pour le passé, quand les arbres et arbustes qui produisaient ces récoltes auront disparu de la surface du sol, et que leur propriétaire aura reçu une indemnité égale à leur valeur capitale ; que s'il importe de protéger une industrie qui peut développer les ressources générales du pays et ajouter à la prospérité locale, il ne serait pas équitable d'en faire supporter les inconvénients et les charges aux propriétaires voisins, qui ne recueillent qu'une part problématique et, en tous cas, indéterminée du bien général qu'elle produit, etc.

Pourvoi en cassation par le sieur Beudin.

Deuxième moyen. Violation des articles 544, 1382, 1315, 1350 et 1190 Code Napoléon, en ce que l'arrêt attaqué a accordé aux demandeurs non-seulement une indemnité à raison du dommage par eux actuellement éprouvé, mais même une indemnité de capital pour les privations de récoltes à venir.

Arrêt.

La Cour. — Sur le deuxième moyen, tiré de la violation des articles 544, 1382, 1315, 1350, 1190 Code Napoléon : — Attendu que l'autorisation administrative en vertu de laquelle a été établie l'usine à zinc dont s'agit au procès n'a

n'aurait fait que traverser la forêt, aucune responsabilité ne serait encourue; mais s'il était certain au contraire que le bois renfermât ordinairement de grands animaux, que la chasse en fût gardée, que le propriétaire s'abstînt de chasser ou de détruire, ou même se bornât à pratiquer des chasses à courre pour son plaisir, il serait passible de dommages intérêts en cas de dégâts aux champs voisins.

39. — M. Sorel, n° 85, considère la chasse à

---

pu être accordée et n'a été accordée que sous la réserve des droits des tiers; — Attendu qu'aux termes de l'article 1348 Code Napoléon, les règles auxquelles est soumise l'admission de la preuve testimoniale reçoivent exception quand il s'agit d'engagements qui, sans qu'il y ait convention, naissent de faits personnels à celui qui est obligé; que l'arrêt attaqué a donc pu, conformément à cette disposition, ordonner une expertise et faire droit à la demande en dommages-intérêts qui lui était soumise, en se fondant sur les énonciations du rapport des experts, sur la notoriété publique et les présomptions qu'élevaient en faveur de la demande, les divers paiements de dommages-intérêts effectués antérieurement par Beudin, soit volontairement, soit à la suite de décisions judiciaires; — Que vainement le demandeur oppose, dans une autre branche du même moyen, la disposition de l'article 1190 Code Napoléon, aux termes duquel le débiteur d'une obligation alternative a, pour se libérer, le choix entre les deux choses comprises dans l'obligation; — Que cette disposition ne saurait en effet être invoquée dans l'espèce, où il s'agit uniquement de la demande en réparation du préjudice que la fumée de l'usine à zinc de Beudin avait causé à la propriété de Roumiguière; — Qu'il suit de là que loin de violer aucune des dispositions invoquées, l'arrêt a fait de nouveau à la cause une juste application des principes qui la régissent; — Rejette, etc.

Du 25 août 1869. — Chambre civile. — MM. Laborie,

courre comme un moyen suffisant de destruction : je ne puis partager son opinion, car avec ce mode de chasse on ne détruit qu'un petit nombre d'animaux, et contrairement au sentiment de M. Sorel, les fauves sont nombreux dans la plupart des forêts. C'est ordinairement après la fermeture de la chasse à courre que les propriétaires de grands bois ou les locataires des chasses se livrent à la destruction d'un certain nombre de biches; mais à cette époque il est déjà

---

président; de Vaulx, rapporteur; Blanche, avocat général (concl. conf.); Chambareaud et Albert Gigot, avocats.

Autre arrêt de la Cour de cassation du 14 juillet 1875. (Sirey, 1875-1-352.)

(Tharaud contre Ardant du Marjambert.)

La Cour. — Sur le moyen unique pris de la violation des articles 544, 1382, 1383 et 1385 Code civil : — Attendu qu'un propriétaire, si étendu que soit son droit, en franchit la limite, quand il porte atteinte au droit, d'un autre propriétaire en dépassant, au préjudice de celui-ci, la mesure des engagements qui existent entre voisins ; qu'un pareil mode d'exercice de la faculté de jouir et de disposer de sa chose constitue une faute et donne naissance à l'obligation de réparer le dommage causé ; — Attendu que l'arrêt dénoncé déclare que, dans les conditions atmosphériques qu'il précise, la fumée de la houille, employée pour le chauffage dans la fabrique de porcelaine de Tharaud, dépose, malgré la distance, sur la cire, soumise à l'air libre dans la blanchisserie des époux Ardant de Marjambert, des scories et une poussière de suie qui altèrent sa qualité et diminuent sa valeur vénale ; que l'arrêt décide qu'il ne s'agit point, dans l'espèce, d'un des inconvénients imposés par le voisinage et évalue le dommage qui en est résulté pour les époux Ardant de Marjambert ; — Attendu qu'en appliquant l'article 1382, dans ces circonstances de fait qu'il lui appartenait de constater et d'apprécier au point de vue de la tolérance nécessaire entre voisins, la

trop tard, et beaucoup de dégâts ont été commis dans les champs voisins.

Au n° 412, M. Leblond enseigne « que la responsabilité du propriétaire ou possesseur du droit de chasse dans les bois et forêts est engagée, en vertu des principes consacrés par les articles 1382 et 1383 du Code civil, quelle que soit l'espèce de gibier (poil ou plumes) qui a causé les dégâts et qu'il n'a ni voulu, ni laissé détruire, en présence des plaintes que lui adressaient les riverains. — Sourdat, T. II, n° 1446 et 1447; — Toullier, n° 308 ; Aubry et Rau, T. IV, n° 448, p. 770 ; — Giraudeau et Lelièvre, n° 1102.

40. — La Cour de cassation, à douze ans d'intervalle, a rendu deux arrêts concernant spécialement les dégâts causés aux champs par les cerfs. — A mon avis, ces arrêts n'ont apporté aucun changement aux principes généralement admis en matière de dégâts de gibier ; ils ont en effet proclamé de nouveau cette doctrine que le possesseur d'un bois ne peut être recherché qu'autant qu'il y a eu de sa part faute, négligence ou imprudence dans les termes des articles 1382 et 1383 , Code civil. — Ce point de droit qui était déjà constant a été fortifié, et voilà tout. — La grande difficulté dans ces sortes d'affaires, gît dans la recherche des faits et leur qualification. La Cour de cassation, dans ces deux décisions, s'est arrêtée devant des constatations de faits. Que dit, en effet, l'arrêt du 4 décembre 1867?

« Attendu que le jugement attaqué ne constate pas « que par son fait, le demandeur ait attiré ces ani-

---

Cour de Limoges n'a violé ni cet article ni l'article 584 Code civil, ni aucune autre loi ; — Rejette, etc.

Du 14 juillet 1875. — Chambre des requêtes. — MM. de Raynal, président : Connelly, rapporteur ; Godelle, avocat général (concl. conf.) ; Bosviel, avocat.

« maux, ou les ait retenus, ou en ait favorisé la mul-
« tiplication ; il n'est pas constaté non plus que le
« demandeur ait commis la faute de laisser ces ani-
« maux se multiplier jusqu'à devenir nuisibles aux
« voisins, et ce, en refusant à ceux-ci soit de les dé-
« truire lui-même, soit d'en permettre la destruction ;
« que dans ces circonstances le seul fait par le de-
« mandeur de n'avoir pas chassé ou fait chasser ne
« peut le constituer en faute. »

Comme on le voit, la Cour de cassation n'a repoussé
la responsabilité invoquée que par ce motif que le
fait, par le demandeur en cassation, de s'être abstenu
de chasser les cerfs ou de les laisser chasser ne cons-
tituait pas une faute ; mais il est évident que si le
jugement attaqué eût constaté que le propriétaire du
bois avait laissé les cerfs se multiplier en trop grand
nombre, ou les eût fait garder, ou eût refusé de les
détruire, la décision de la Cour eût été dans le sens
opposé. On comprend, en effet, qu'un propriétaire ne
soit pas tenu de chasser quand même ou de se livrer
à une destruction lorsqu'il n'y a pas lieu. Les voisins
ne peuvent évidemment intervenir qu'alors qu'il y a
nécessité, c'est-à-dire, dommage sérieux et appréciable.

L'arrêt du 15 janvier 1872 porte entre autres motifs :
« Attendu qu'il est constaté en fait, par le jugement
« attaqué, que si les défendeurs éventuels, amodia-
« taires du droit de chasse dans la forêt d'Halatte,
« ont fait garder leur chasse, ils n'avaient pas, néan-
« moins, permis au gibier de se multiplier outre me-
« sure ; — Que, en l'année 1867 et l'année 1868, les
« destructions d'animaux ont eu lieu continuelle-
« ment ; — Qu'en 1868, année du dégât dont la répa-
« ration est demandée, des battues ont été répétées
« pendant tout le temps de la chasse, et qu'elles ont
« eu pour résultat la destruction d'un aussi grand
« nombre d'animaux que possible ; — Qu'ainsi les
« défendeurs éventuels ont fait ce qu'ils pouvaient

« pour la destruction des cerfs et des biches, lesquels
« d'ailleurs sont peu nombreux dans la forêt d'Ha-
« latte, et viennent surtout des forêts voisines. »

C'est encore là un arrêt d'espèce et non de principe,
et c'est à tort qu'on le cite comme ayant modifié la
jurisprudence antérieure, tandis qu'il n'a fait que
confirmer cette règle, que la responsabilité n'existe
qu'autant qu'il y a eu faute, négligence ou imprudence. Or, dans l'espèce, les juges avaient constaté
que le locataire de la chasse avait été vigilant, qu'il
avait pratiqué de nombreuses battues et détruit autant qu'il le pouvait. On comprend que dans de telles
circonstances la responsabilité doive être écartée.

CHAPITRE VII.

—

SANGLIERS.

41. Le sanglier, type sauvage de notre cochon
domestique, est d'un naturel farouche, quoique cependant d'une grande hardiesse dans le danger. C'est
ordinairement dans les forêts que le sanglier passe
ses journées; il choisit pour sa bauge les endroits les
plus sombres et les plus humides. Il reste couché là
pendant le jour, et ne sort que le soir pour aller chercher sa nourriture. La question de savoir si le possesseur de la forêt servant de refuge, au moins mo-
mentané, aux sangliers est responsable des dégâts
qu'ils causent aux champs voisins, a donné lieu à
une vive controverse au début de laquelle se placent
deux jugements absolument contraires; le premier
du juge de paix de Ribécourt (Oise), du 25 mai

1860 (1), et le second du juge de paix de Prémery
(Nièvre), rendu le 8 octobre 1860 (2). D'autres décisions sont intervenues postérieurement et ont rejeté
la responsabilité. Sur cette question, comme sur
celle concernant les cerfs, les jugements et arrêts
étant presque toujours basés sur les faits particuliers
à chaque affaire, on ne peut pas dire que la jurispru-

---

(1) ... Le Tribunal...

Attendu que les demandeurs prétendant que leurs récoltes en pommes de terre, blé, seigle et avoine, auraient
été ravagés par des sangliers entretenus en grand nombre
dans les forêts d'Ourscamp et de Carlepont, réclament à
l'administration de la liste civile, comme ayant la jouissance exclusive de la chasse des sangliers dans ces forêts
appartenant à l'Etat, les réparations des dommages causés par les animaux sauvages dont il s'agit sur les par-
celles de terres sus-indiquées, et qu'ils appuient leur action
sur l'avis de trois experts qui auraient constaté lesdits
dommages et en auraient fixé l'importance pour chacun
des demandeurs ;

Attendu que l'administration de la liste civile prétend
qu'elle n'est nullement responsable des dégâts qui auraient
été commis par des sangliers réfugiés dans les forêts
d'Ourscamp et de Carlepont ; que les sangliers étaient des
animaux sauvages qui n'appartenaient pas au propriétaire
de ces forêts, et que, sous ce premier rapport, l'article 1384
du Code Napoléon serait inapplicable dans l'espèce ; que,
d'un autre côté, les forêts d'Ourscamp et de Carlepont ne
faisaient pas partie du domaine de la Couronne, que seulement le droit de chasse en avait été concédé à la liste
civile, qui avait d'ailleurs fait procéder à la chasse et à la
destruction des sangliers ;

Attendu que ce système de défense de l'administration
de la liste civile est inadmissible ; qu'en effet, cette administration se trouvant de son aveu, quant à la chasse, au
lieu et place de l'Etat, propriétaire desdites forêts, doit
supporter les inconvénients de sa position, aussi bien
qu'elle profite des avantages y attachés ; que la chasse est

dence offre des règles fixes ; ainsi, le juge de paix de Lyons-la-Forêt, par jugement du 8 août 1852, a rejeté une demande en dommages-intérêts par le motif que *le propriétaire du bois ne pouvait prévoir que les sangliers chassés de plusieurs forêts éloignées viendraient chercher un refuge dans celle de Lyons, et qu'il lui était impossible d'empêcher cette invasion.* Le

---

l'avantage et la garde du gibier l'inconvénient, et que la responsabilité ne peut donc être déclinée par la liste civile en principe.

Au fond : Attendu que le droit de chasser et de conserver du gibier est incontestable, mais qu'il y a des limites et cesse d'être licite lorsqu'il cause à autrui un dommage réel ; que s'il est permis de conserver du gibier sur sa propriété ou sur celle dont la chasse vous appartient, ce ne peut être qu'à la condition qu'il y restera, et qu'il n'en sortira pas pour aller se nourrir aux dépens des propriétés voisines et dévaster les récoltes ;

Que celui-là donc qui a conservé des animaux sauvages, tels que des *sangliers*, dans l'intérêt de sa chasse devient responsable du dommage qu'il cause et doit les détruire, alors surtout qu'il en a seul les moyens et le droit ; qu'il ne saurait justement exiger qu'on sacrifie à son plaisir l'intérêt des cultivateurs ; que c'est là ce que décident la raison et l'équité, ce que prescrit l'intérêt public et ce qui se trouve sanctionné par l'article 1383 du Code Napoléon ; qu'il y a eu imprudence de la part de l'administration de la liste civile à laisser les sangliers s'établir dans les forêts d'Ourscamp et de Carlepont et s'y multiplier, et, dans tous les cas, à ne pas les détruire ; qu'elle est donc responsable envers les demandeurs du préjudice dont ils se plaignent et qu'ils justifient ainsi qu'il a été dit précédemment ;

Attendu, en outre, qu'il résulte des débats que la liste civile a non-seulement négligé de détruire les sangliers des forêts d'Ourscamp et de Carlepont, mais encore qu'elle ne s'est pas prêtée à en laisser opérer la destruction par les propriétaires voisins, et qu'il y a là encore imprudence de sa part ;

tribunal civil de Moulins, dans un jugement du 26 janvier 1863, a admis la réclamation d'un riverain par la raison que le locataire de la forêt avait *modéré la destruction des sangliers* pour se ménager le plaisir de la chasse, èt le pourvoi formé contre ce jugement a été rejeté par arrêt de la chambre des requêtes du 17 février 1864 (S. 1864-1-109) ainsi motivé : — « At-

---

Attendu enfin qu'il est surabondamment démontré au procès que les dégâts, dont la réparation est demandée ont été causés par les sangliers provenant des forêts d'Ourscamp et de Carlepont ;

Attendu que l'administration de la liste civile prétend aussi que les expertises prescrites par M. le Président en état de référé seraient nulles comme incompétemment ordonnées, et que dans tous les cas les experts n'avaient pu faire de constatations par commune renommée ;

Attendu, à l'égard de la validité du référé dont il s'agit, qu'il n'y avait pas d'instance principale introduite quand cette mesure provisoire a été ordonnée, et que dès lors M. le Président du Tribunal civil n'était pas incompétent pour la nomination des experts ; que sans doute il aurait été préférable que les demandeurs eussent agi devant le tribunal compétent sans recourir à ce circuit de procédure, qui n'a fait que retarder la solution du procès, l'a rendu plus difficile et a augmenté considérablement les frais de l'instance ; mais que ces inconvénients ne peuvent entraîner la nullité des expertises, et qu'enfin si les experts ont apprécié certains dommages par commune renommée, ils n'ont pu procéder autrement, et qu'aucune des évaluations fixées par eux n'a paru exagérées au tribunal, qui a vérifié lui-même chaque demande ;

Quant aux frais :

Attendu que si la loi met les dépens à la charge de la partie qui succombe dans une instance, ce ne peut être que les dépens utiles et indispensables ; et que dans l'espèce les frais de référé sont une superfluité et qu'ils doivent rester à la charge des demandeurs ;

Par ces motifs :

Entérine, pour être exécutés selon leur forme et teneur, les procès-verbaux d'expertise sus-énoncés et datés, con-

« tendu qu'il est constaté par le jugement attaqué
« que le dommage causé au défendeur éventuel pro-
« vient de l'insuffisance des moyens employés pour
« détruire les animaux nuisibles de la forêt de Gros-
« bois appartenant à l'Etat, et que le comte de Bour-
« bon-Chalus, adjudicataire de la chasse dans cette
« forêt, n'use pas de son droit de chasse conformé-

---

damne en conséquence l'administration de la liste civile à
payer aux demandeurs les indemnités fixées pour les dégâts
dont il s'agit au procès, etc.

(2 *de la page 62.*) Le Tribunal :

Attendu que, s'il est établi en fait qu'un dommage a été
causé aux champs du demandeur par des sangliers provenant de la forêt de Charnouveau, ainsi que le constate le
rapport des experts, il y a lieu d'examiner si le défendeur
peut en être responsable, aux termes de l'article 1383,
invoqué par le demandeur ; qu'il y a lieu d'examiner si le
défendeur a usé de son droit en interdisant la chasse
dans ses forêts, et si l'article invoqué peut lui être appliqué ;

Attendu que l'article 3 de la loi du 4 août 1789 est ainsi
conçu : « Le droit exclusif de la chasse et des garennes
ouvertes est pareillement aboli, et tout propriétaire a le
droit de détruire, seulement sur ses possessions, toute
espèce de gibier, sauf à se conformer aux lois de police
qui pourront être faites relativement à la sûreté publique ; »

Qu'il est dit par l'article 1er de la loi du 3 mai 1844, que
nul n'aura la faculté de chasser sur la propriété d'autrui,
sans le consentement du propriétaire ou de ses ayants
droit ;

Que le défendeur avait donc le droit d'interdire la chasse
au demandeur sur ses propriétés ;

Que le demandeur devait se renfermer dans le seul droit
qui lui appartient de détruire les animaux nuisibles sur sa
propriété, et là où il était suffisamment autorisé ;

Que c'est en vain que le demandeur invoque l'arrêt de la
Cour de cassation du 3 janvier 1810 (la dame de Massy
contre la dame de Montmorency) ;

« ment à la clause de son bail, *non plus qu'aux droits*
« *des riverains;* — Qu'en tirant de ces faits la consé-
« quence que le demandeur était responsable du pré-
« judice éprouvé par le sieur Jean Henri, propriétaire
« riverain de la forêt de Grosbois, le jugement atta-
« qué a fait une juste application de l'article 1385, Code
« Napoléon, et que d'ailleurs l'appréciation souve-

Que la Cour rejeta le pourvoi de la dame de Montmorency en vertu de l'article 1385 du Code Napoléon ;

Que dans ce procès, il s'agissait de lapins et non d'autres
animaux sauvages ;

Que le lapin peut, en quelque sorte, être considéré
comme un animal à résidence fixe, dont le propriétaire de
la forêt où il est fixé peut être responsable, surtout lorsqu'il apporte tous ses soins à sa conservation ; que le sanglier, au contraire, a des habitudes nomades ; qu'il est *res
nullius;* qu'on ne peut dire que l'on favorise sa multiplication en lui assurant une retraite paisible, puisqu'il est
constant que le sanglier qui se trouve dans une forêt est le
lendemain à de grandes distances ;

Que si les propriétaires des forêts pouvaient être responsables des dégâts commis par les sangliers, ils le seraient
également des renards, des loups et des autres animaux
qui peuplent les forêts ;

Que si ce principe était admis, les propriétaires de forêts
seraient soumis à une foule de demandes exorbitantes et
abusives ;

Qu'on ne saurait donc dire qu'il y a eu imprudence ou
négligence de la part du défendeur, puisqu'il ne peut dé-
pendre de lui de détruire des animaux qui ne font que
passer sur ses propriétés comme sur celles des autres, et
qui appartiennent au premier occupant ;

Par tous ces motifs : disons que le comte d'Osmond ne
saurait être responsable des dommages causés par les
sangliers aux propriétés de M. Thibault ;

En conséquence, déclarons la demande de M. Thibault
mal fondée et non recevable, l'en déboutons et le condam-
nons aux dépens.

« raine des juges du fait échappe à la censure de la
« Cour de cassation; — Rejette, etc. » — Un jugement
du tribunal civil de Troyes, du 29 septembre 1863, a
décidé que le propriétaire de bois n'est responsable
qu'autant qu'il a refusé de laisser détruire les sangliers. La Cour de cassation, saisie de nouveau de la
question le 31 mai 1869 (S., 1869-1-463), a encore rejeté
le pourvoi par les motifs suivants : — « La Cour :
— « Attendu qu'il est constaté, en fait, par l'arrêt
« attaqué : 1° Que les locataires de la forêt de Paim-
« pont ont favorisé, en conservant soigneusement les
« laies et les marcassins, la multiplication des san-
« gliers, qui est devenue effrayante depuis quelques
« années, et dont la présence cause des dégâts non
« accidentels, mais journaliers, aux propriétaires rive-
« rains; — 2° Que la forêt est gardée par un nom-
« breux personnel, de telle sorte que les voisins ne
« peuvent détruire les sangliers qui s'y retirent et ne
« sortent que la nuit; — 3° Que si des battues récentes
« et postérieures aux dégâts ont amené la destruc-
« tion d'une vingtaine de sangliers, celles antérieures
« avaient été illusoires; — Attendu qu'en cet état des
« faits souverainement constatés, le jugement atta-
« qué, en déclarant les demandeurs en cassation res-
« ponsables des dégâts causés par des sangliers, n'a
« fait qu'une juste application de l'article 1382, Code
« Napoléon; — Rejette, etc. »

Nous terminerons cet examen de la jurisprudence
par la citation de deux arrêts rendus par la Cour de
cassation, l'un le 5 juillet 1876 (S. 1876-1-377), et l'autre le 14 août 1877 (la *France judiciaire*, 76-77,
2ᵉ partie, p. 719) (arrêt du 5 juillet 1876), de Malem-
baix contre Maréchal.

La Cour; — Sur le moyen pris de la fausse application de l'article 1382, Code civil, et, par suite de la
violation de la loi de 1844 sur la chasse : — « Attendu
« que si le propriétaire d'un bois, autre qu'une ga-
« renne, ou le locataire de la chasse dans une forêt,

« n'est pas responsable, de plein droit, du dommage
« causé aux propriétés voisines par les lapins qui se
« trouvent dans son bois, ou par les animaux sauva-
« ges qui l'habitent ou s'y rassemblent; et s'il ne
« peut être recherché à cet égard, à moins qu'il n'y
« ait eu de sa part, faute, négligence ou imprudence
« dans les termes des articles 1382 et 1383, Code civil,
« il résulte, de l'ensemble des déclarations en fait du
« jugement attaqué, que le demandeur a fait garder
« la chasse de façon à empêcher les propriétaires
« voisins de se livrer efficacement à la destruction
« des sangliers et des lapins qui se trouvent dans ses
« bois, et qui ont commis les dégâts dont il s'agit au
« procès; — qu'il y a là une constatation suffisante
« de l'exercice abusif du droit de faire garder la
« chasse, ce qui constitue une faute, et justifie par suite
« la décision attaquée; — Rejette, etc. » — Arrêt
du 14 août 1877, Roblin contre prince de Joinville (1).

42. Cette question concernant les dégâts causés
par les sangliers peut se résumer ainsi : le propriétaire du bois n'est pas responsable de plein droit,
mais il peut le devenir s'il commet une faute, une négligence ou une imprudence dans les termes des articles 1382 et 1383, Code civil.

----

(1) La Cour :

Sur le moyen unique du pourvoi :

Attendu que le jugement attaqué ne dénie pas que le défendeur, en attirant des sangliers dans ses bois et favori-
sant la multiplication des bêtes fauves qui y ont pullulé,
n'ait commis une faute, et qu'il ne soit tenu, en droit, de
la réparer, conformément aux articles 1382 et 1383 du Code
civil, dans la mesure du tort qu'elle a pu causer à autrui :

Qu'il décide par une appréciation souveraine des faits et
circonstances de la cause, que la faute dont il s'agit, n'a
pas produit la totalité du dommage éprouvé par les
demandeurs ; qu'il déclare en termes formels, qu'une partie

CHAPITRE VIII.

BLAIREAUX, RENARDS ET LOUPS.

43. Il est bien évident qu'un propriétaire de bois ne cherche pas à attirer ces animaux, ni à faciliter leur multiplication ; son seul désir est de les éloigner de sa propriété et de les détruire ; il ne peut donc pas être question de le rendre responsable des dommages qu'ils pourraient causer. (V. jugement du tribunal civil de Rouen du 5 janvier 1858 ; — Sorel, n° 86 ; — Giraudeau et Lelièvre, n° 1105, — et Leblond, n° 413). Les parties lésées peuvent se pourvoir auprès des autorités pour demander l'application de l'arrêté du Directoire exécutif du 19 pluviôse an V (7 février 1797) (1).

---

des dégâts a été causée par des circonstances indépendantes du fait et de la négligence du défendeur, notamment par un certain nombre d'animaux nuisibles dont la destruction n'était pas possible à raison de l'état des lieux ;

Que dans ces circonstances, il appartenait aux juges du fond de déterminer, comme ils l'ont fait, la part du préjudice réel, imputable à la faute du défendeur et d'arbitrer le chiffre de l'indemnité due par ce dernier ;

Qu'en statuant ainsi, le tribunal de Chaumont (Haute-Marne), a tranché une simple question de fait qui rentrait dans son domaine exclusif et que dès lors il n'a violé aucune loi ;

Rejette.

(1) Le Directoire exécutif, sur le rapport du Ministre des finances, considérant que son arrêté du 28 vendémiaire

CHAPITRE IX.

---

44. Le Code de procédure civile n'a prescrit aucune forme particulière pour la constatation de ces sortes de dommages et la loi du 25 mai 1838 est aussi restée muette à cet égard.

45. Les gardes-champêtres seraient-ils compétents pour constater les dégâts causés par le gibier ? Non. Les gardes-champêtres sont et rien de plus des officiers de police judiciaire, et comme tels, ils ne sont chargés par l'article 16 du Code d'instruction

---

dernier, portant défense de chasser dans les forêts nationales, ne doit mettre aucun obstacle à l'exécution des règlements qui concernent la destruction des loups et autres animaux voraces ;

Que l'ordonnance de janvier 1583, article 19, enjoint aux agents forestiers de rassembler un homme par feu de leur arrondissement, avec armes et chiens propres à la chasse aux loups, trois fois l'année, aux temps les plus commodes ;

Que celles de 1600 et 1601, ainsi que les arrêts du ci-devant conseil, des 6 février 1697 et 14 janvier 1698, leur enjoignent de contraindre les sergents louvetiers à chasser aux loups, renards et autres animaux nuisibles, et de veiller à ce que cette chasse soit faite de trois mois en trois mois, ou plus souvent, suivant qu'il en sera besoin, par ceux qui avaient le droit exclusif de chasse dans leurs terres ;

criminelle, que de rechercher, chacun dans le territoire pour lequel ils ont été assermentés, les délits et
les contraventions de police qui ont porté atteinte
aux propriétés rurales et forestières, et de dresser
des procès-verbaux à l'effet de constater la nature,
les circonstances, le temps, le lieu des délits et contraventions, ainsi que les preuves et les indices qu'ils
ont pu recueillir. Les gardes-champêtres n'ont donc
de mission que pour constater les délits ruraux et
forestiers ; ils n'en ont donc point pour constater les
faits qui, quoique causant du dommage aux propriétés rurales et forestières, n'ont cependant pas le
caractère de délits.

46. C'est dans la jurisprudence antérieure au
Code de procédure que l'on trouve l'indication de
règles spéciales pour la constatation des dégâts de

Arrête ce qui suit :

ARTICLE 1er. — L'arrêté du 28 vendémiaire dernier, rela-
tif à la prohibition de chasser dans les forêts nationales,
continuera d'être exécuté.

ART. 2. — Néanmoins il sera fait dans les forêts nationales et dans les campagnes, tous les trois mois et plus
souvent s'il est nécessaire, des chasses et battues générales et particulières aux loups, renards, blaireaux et
autres animaux nuisibles.

ART. 3. — Les chasses et battues seront ordonnées par
les administrations centrales des départements, de concert
avec les agents forestiers de leur arrondissement, sur la
demande de ces derniers et sur celles des administrations
municipales de canton.

ART. 4. — Les battues ordonnées seront exécutées sous
la direction et la surveillance des agents forestiers, qui
régleront, de concert avec les administrations municipales
de canton, les jours où elles se feront et le nombre d'hommes
qui y seront appelés.

gibier. (Arrêts du Parlement de Paris du 21 juillet 1778 (1), et du 15 mai 1779 (2).

ART. 5. — Les corps administratifs sont autorisés à permettre aux particuliers de leurs arrondissements qui ont des équipages et autres moyens pour ces chasses de s'y livrer sous l'inspection et la surveillance des agents forestiers.

ART. 6. — Il sera dressé procès-verbal de chaque battue, du nombre et de l'espèce des animaux qui auront été détruits ; un extrait en sera envoyé au ministre des finances.

ART. 7. — Il lui sera également envoyé un état des animaux détruits par les chasses particulières mentionnées en l'article 5, et même par les piéges tendus dans les campagnes, etc, etc.

(1) Vu, par la Cour, la requête présentée par le procureur général du roi, contenant que les dégâts, que les propriétaires ou fermiers prétendent en différents endroits. que le gibier et les bêtes fauves font aux productions de la terre, donnent lieu à des demandes sur lesquelles il est souvent difficile que les juges puissent statuer en règle, par la difficulté de pouvoir constater au juste le dommage qui a pu être fait, et la cause du dommage qui souvent naît de l'intempérie des saisons, du défaut de production, et provient aussi quelquefois de ce que les terres n'ont pas été bien cultivées et ensemencées, et comme il convient d'établir une règle fixe pour que les juges puissent prononcer en connaissance de cause ;

La Cour,

Ordonne que les propriétaires ou fermiers qui auront des demandes à former, pour constater le dégât causé par le gibier et les bêtes fauves aux grains où vignes, seront tenus de se pourvoir devant les juges des eaux et forêts des lieux pour faire procéder par experts, en présence des parties intéressées ou elles dûment appelées, à trois visites des terres prétendues endommagées, lesquelles seront désignées par tenants et aboutissants ; que la première visite se fera dans les trois mois à compter du jour de la semence, sans cependant qu'elle puisse être faite au-delà du mois de janvier ; que les experts par leur rapport seront

CHAPITRE X.

COMPÉTENCE DU JUGE DU RÉFÉRÉ POUR ORDONNER
UNE EXPERTISE A L'EFFET DE CONSTATER
ET D'ÉVALUER LE DOMMAGE.

47. C'est une grave question de savoir si, en thèse générale, le juge du référé peut ordonner des constatations dans les matières dont la connaissance appartient aux tribunaux de commerce ou aux juges de paix. Toute la difficulté repose sur l'interprétation

---

tenus de déclarer la nature et la qualité du sol et espèce de grains, de prendre les déclarations des propriétaires et habitants voisins, pour savoir si les terres prétendues endommagées ont été bien cultivées et ensemencées ; si les grains étaient bien pris et étaient bien venants ; si le dommage a été fait par le gibier, son espèce, d'où il peut provenir, et enfin l'étendue du terrain endommagé ;

Que la seconde visite sera faite dans le courant des mois d'avril et de mai pour connaître l'état des grains, si le premier dommage a subsisté ou diminué, s'il y en a eu de nouveau, et la cause du rétablissement, diminution ou augmentation ;

Que la troisième visite sera faite lors de la maturité des grains et avant la récolte, pour constater ce que la partie endommagée aurait pu produire relativement aux terres voisines, et en estimer la valeur suivant les mercuriales des lieux, tant en grains que paille, à la déduction néanmoins des frais de récolte et de battage des grains.

Ordonne qu'à l'égard des dégâts qui pourront être causés sur les terres ensemencées en menus grains, les prodes articles 806 et suivants, Code de procédure civile, formant le titre 16, intitulé : *des Référés* combinés avec les dispositions du même Code, d'abord article 6, livre premier *(de la Justice de paix)*, et ensuite articles 417 et 418, titre 25 *(de la Procédure devant les Tribunaux de commerce)*. L'article 806 porte que : « Dans tous les cas d'urgence, il sera procédé, ainsi « qu'il va être réglé ci-après. L'article 807 ajoute : « La demande sera portée à une audience tenue à

---

priétaires et fermiers seront tenus de les faire constater dans la même forme, sans être néanmoins astreints à faire procéder à trois visites, mais seulement à deux : l'une avant la Saint-Jean pour connaître la nature et la qualité du sol, l'espèce de grains, le dommage, s'il a été causé par le gibier, l'espèce, et d'où il provient ; et l'autre visite, avant la récolte, pour estimer le dommage dans la même forme que pour le blé ;

Ordonne que le présent arrêt sera imprimé et affiché partout où besoin sera, copie d'icelui envoyée aux sièges des maîtrises particulières des eaux et forêts et grueries, pour y être lu et publié, l'audience tenante, et registré au greffe desdits sièges.

Fait en parlement, le 31 juillet 1778.

(2 *de la page 72*) La Cour ordonne que les propriétaires et les fermiers qui voudront se pourvoir pour dommages causés, soit par les lapins et bêtes fauves de chasse non royale, soit par les perdrix et les lièvres, seront tenus de faire signifier, en tête de la demande qu'ils formeront en justice, dans les temps fixés par l'arrêt dudit jour 21 juillet 1778, contre le seigneur dans le fief duquel seront situées les terres par eux possédées ou exploitées, un état détaillé du nombre de pièces de terres qu'ils auront labourées et ensemencées en blé ou menus grains et cultivées en vignes, tenants et aboutissants desdites pièces de terres, de leurs mesures, de la nature et qualité du sol de chacune, et de l'espèce de grain qu'il y aura été semé, avec l'indication du fief dans l'étendue duquel lesdites pièces sont situées, et que, dans leurs demandes, ils seront tenus de distinguer celles des-

« cet effet par le président du tribunal de première
« instance ou par le juge qui le remplace, aux jour
« et heure indiqués par le tribunal »; et l'article 808
autorise le président à donner certaines facilités
pour activer cette procédure exceptionnelle. »

Le titre 16, sous la rubrique duquel se trouve la
procédure des référés, vient après les titres réglant
la procédure devant les justices de paix et devant les
tribunaux de commerce; de sorte qu'au premier

---

dites pièces de terres qu'ils prétendront avoir été endommagées par le gibier ; ordonne que les seigneurs de fiefs ne
pourront être assignés pour procéder aux procès-verbaux
de nomination d'experts, de prestation de serment et de
visite des lieux, qu'à leur domicile et à un moindre délai
que de huitaine, auquel sera ajouté un jour par dix lieues
de la distance du domicile du seigneur du fief; ordonne
que les parties plaignantes ne pourront nommer pour
experts, à l'effet de procéder aux visites ordonnées par
l'arrêt dudit jour 21 juillet, *auèuns propriétàires* de terres
situées dans l'étendue de la paroisse où le dommage aura
été fait, ni dans les paroisses circonvoisines, plus près que
de là distance de trois lieues, *ni laboureurs* demeurant
dans lesdites paroisses et dans la même distance, lesquels
experts sauront lire et écrire, et ne pourront, en aucun
cas, se faire assister d'un greffier de l'écritoire, ni d'aucun
autre ; mais seront tenus de rédiger eux-mêmes par écrit
leurs procès-verbaux, et de les déposer et affirmer véritables dans les vingt-quatre heures de la clôture d'iceux,
à peine de nullité ; ordonne que les parties intéressées
pourront assister par elles-mêmes aux visites des experts,
si bon leur semble, ou par un fondé de procuration autre
qu'un procureur postulant, sans pouvoir être assistées pour
lesdites visites de procureurs, auxquels il ne pourra être
alloué, en aucun cas, aucuns droits quelconques pour vacations et assistances, sous quelque prétexte que ce puisse
être ; ordonne que, lors du premier des trois procès-verbaux de visite pour les terres ensemencées en bled, et des
deux procès-verbaux pour les terres ensemencées en me-

abord on peut penser que le législateur, après avoir tracé les règles spéciales à chaque juridiction, a voulu ouvrir la voie du référé pour certaines contestations ressortissant à toutes les juridictions, autres toutefois que celle administrative.

48. Nous pensons qu'il y a lieu de distinguer entre la première et la deuxième partie de l'article 806. Dans la première partie il ne s'agit que de

---

nus grains, les experts seront tenus de visiter non-seulement les pièces de terre sur lesquelles la partie requérante prétendra avoir éprouvé du dommage, mais même toutes les pièces de terre par elle labourées, ensemencées et cultivées en la même nature, à l'effet de vérifier et de constater si elles ont été bien labourées, ensemencées et cultivées en temps et saison convenables, et si les grains y sont bien pris et bien levants, et dans le cas où lesdites terres auraient été bien labourées, ensemencées et cultivées, et que les grains ne fussent pas bien pris ni bien levants, les experts seront tenus de déclarer si cela ne provient pas de *l'intempérie* des *saisons*, des *gelées*, *séjour des eaux* ou autres causes semblables ; ordonne que les propriétaires et fermiers qui ne se conformeront point à ce qui est prescrit par le présent arrêt *seront déchus de toute indemnité* et déclarés non *recevables dans leurs actions ;* comme aussi qu'il ne pourra être par eux formé aucune demande en indemnité pour dommage causé par les lapins et bêtes fauves de chasse non royale, de quelque nature qu'ils soient, s'il ne se trouve en *dommage notable,* eu égard à la totalité des terres ensemencées en la même nature de grains que ceux sur lesquels ledit dommage sera arrivé, et eu égard à la quantité générale des terres situées dans la mouvance des seigneurs contre lesquels l'action sera dirigée ; ordonne que, quant aux dommages que les propriétaires et fermiers prétendront avoir été causés par les *perdrix* et les *lièvres,* il sera permis aux seigneurs des fiefs de faire faire une visite par des experts à ce connaissant, pour constater si, relativement à la quantité de ter-

mesures urgentes à prendre préalablement à des
instances qui pourront naître ; la seconde, au contraire, prévoit le cas où des difficultés surgissent
sur l'exécution d'un titre exécutoire ou d'un jugement. Dans ce dernier cas, le juge du référé a compétence pour statuer sur les difficultés d'exécution,
même des jugements émanant des juges de paix ou
des tribunaux de commerce, par la raison que ces
deux juridictions ne connaissent pas de l'exécution
de leurs jugements, articles 553 et 806, Code de pro-

rain qu'ils possèdent, il y a de cette espèce de gibier *plus
que le terrain ne peut en contenir* ; ordonne que, dans le
cas où les états que les propriétaires et les fermiers seront
tenus de signifier lors de leurs demandes ne seraient point
exacts et sincères, soit quant au nombre, soit quant à la
mesure, soit quant à la qualité et nature du sol, et où les
plaintes ne seraient pas fondées, lesdits propriétaires et
fermiers seront condamnés à 300 livres d'amende, en des
dommages-intérêts envers les seigneurs des fiefs et en
tous les frais ; ordonne que les propriétaires et laboureurs
seront tenus de diriger leur action distinctement et sépa-
rément, sans pouvoir la former en nom collectif ; leur fait
défenses de faire entre eux aucunes associations pour
faire constater et poursuivre à frais communs les dommages par eux prétendus soufferts, sous pareille peine de
300 livres d'amende, et d'être déclarés non recevables dans
leurs demandes ; fait défenses à toutes personnes, de quelque qualité et condition qu'elles soient, de solliciter et de
provoquer les propriétaires et laboureurs pour les engager
à demander des indemnités, à peine de 500 livres d'amende,
même d'être poursuivis extraordinairement, suivant l'exi-
gence des cas ; ordonne au surplus que l'arrêt du 21 juillet
1778 sera exécuté, et que le présent arrêt sera imprimé,
publié et affiché partout où besoin sera : copie d'icelui envoyée aux sièges des maîtrises particulières des eaux et
forêts et grueries, pour y être lu, publié, l'audience tenante,
et enregistré aux greffes desdits sièges.

cédure civile. (V. Douai, 27 mai 1851 (1) et Lyon, 26 juillet 1851).

La même compétence existe-t-elle pour le cas prévu dans la première partie de l'article 806?

Je le pense, parce que d'après cet article le juge du référé auquel appartient la plénitude de juridiction a seul le droit de statuer dès que la loi garde le silence. Les termes de l'article 806 sont généraux et absolus, et ne permettent d'établir aucune distinction entre les litiges du ressort de la justice de paix ou des tribunaux de commerce et les litiges du ressort des tribunaux civils, les mêmes nécessités se révélant également ment dans les trois classes de contestations.

49. En remontant aux origines de la procédure de référé on ne trouve rien à l'appui de la distinction que l'on veut établir entre les trois classes de litiges dont nous venons de parler (V. coutume de Normandie (2), édit de 1685 pour le Châtelet de Paris (3), et

---

(1) La Cour ; — Attendu que c'est au président du tribunal civil qu'il appartient, en vertu de l'article 806 Code procédure, de connaître au provisoire, par voie de référé, des difficultés qui s'élèvent sur l'exécution des titres exécutoires, dans le cas même où le principal serait de la compétence du juge de paix, etc.

(2) Article 54. Le haro peut être interjetté non-seulement pour maléfice de corps et pour chose où il y aurait *éminent péril*, mais pour toute introduction de procès possessoire, encore que ce soit en matière bénéficiale ou concernant le bien de l'église.

Henri Basnage commente cet article dans les termes suivants : « Le haro a le même pouvoir parmi nous que l'interdit, *retinendæ possessionis*. Car s'il ne se rencontre pas un juge compétent ou un sergent sur le lieu et sur l'heure, si celui qu'on veut déposséder ou troubler en quelque chose appelle l'aide du prince, sa partie est obligée de cesser et de suivre devant le juge le demandeur en haro. Il est vrai qu'on a beaucoup étendu le pouvoir du haro.

l'exposé fait par M. Réal au Corps législatif, dans la
séance du 11 avril 1806, des motifs du livre V de la

Par l'ancienne coutume, il ne devait être créé que pour
cause criminelle, si *comme pour feu,* ou *pour larcin,* ou
pour homicide, ou pour autre évident péril ; si *comme
aucun court à un autre le coûteau trait,* etc. On en use
aujourd'hui pour toutes les choses provisoires, encore que
ce soit, dit cet article, en *matière bénéficiale* ou *concernant le fait de l'église.* »

Et de son côté, de la Tournerie, tome Ier, page 102,
ajoute :

« La coutume dit aussi que le haro peut être intenté
pour *toute introduction de procès :* cela s'entend des *matières provisoires,* et où il y a *éminent péril ;* car dans
les affaires qui ne requièrent point célérité, on doit prendre
la voie de mandement ou d'assignation simple. Arrêt rapporté par Bérault du 23 mai 1518 ; il ne peut donc être
intenté pour le pétitoire. »

Article 55. Clameur de haro se peut intenter tant pour
meubles que pour héritages.

« Ce qui se doit entendre, dit de la Tournerie, de *choses
provisoires et d'éminents périls ;* car il ne conviendrait pas
d'intenter haro pour un meuble qui serait aux mains d'uu
domicilié.

(3 *de la page 78.*) Article 6. « Quand il s'agira de la liberté
de personnes qualifiées ou constituées en charge, de celle
dè marchands et négociants emprisonnés à la veille de plusieurs fêtes consécutives, ou des jours auxquels on n'entre pas
au Châtelet ; lorsqu'on demandera *la main-levée des mar-
chandises prêtes à être envoyées,* et dont les voitures sont
chargées ou qui peuvent *dépérir ;* du paiement que des
hôteliers ou des ouvriers demandent à des étrangers pour
des nourritures ou fournitures d'habits ou autres choses
nécessaires ; lorsqu'on réclamera des dépôts, gages, papiers
ou autres effets divertis ; si le lieutenant civil le juge ainsi
à propos, il pourra ordonner que les parties comparaîtront
le jour même dans son hôtel pour y être entendues, et
être par lui ordonné par provision ce qu'il estimera juste,
sans frais ni vacations à son égard. »

première partie du projet du Code de procédure civile (1).

50. Examinons maintenant les objections présentées. On dit : à quoi sert de recourir à la voie du référé puisque le législateur en traçant les règles de la procédure applicables aux justices de paix et aux tribu-

---

(1) 1. Des Référés. — Notre projet du Code, comme toutes les lois qui ont traité de la procédure, fixe des délais avant l'expiration desquels aucun jugement ne peut être prononcé. On a reconnu que les mêmes délais ne pouvaient convenir à tous les cas ; et ils ont été pour certaines circonstances plus rapprochés, selon que ces circonstances requièrent plus ou moins de célérité. Mais il n'est pas un homme ayant l'expérience des affaires, qui n'ait eu occasion de reconnaître très-souvent qu'il est des circonstances dans lesquelles *le délai d'un seul jour, et même le délai de quelques heures*, peuvent être la source des plus grandes injustices et causer des pertes irréparables.

2. C'est dans les grandes villes, c'est surtout dans cette capitale et au milieu de son immense population que cette vérité est à chaque instant du jour reconnue. Aussi, dès 1685, un édit donné pour l'administration de la justice du Châtelet de Paris, ordonne que dans plusieurs cas, dont il fait une longue énumération, *le lieutenant civil pourra ordonner que les parties comparaîtront le jour même dans son hôtel pour y être entendues et être par lui ordonné par provision ce qu'il estimera juste*. L'existence de cet édit nous permet de supposer qu'il n'a fait que confirmer ou régulariser un usage introduit bien antérieurement ; usage que nous retrouvons encore dans cette assignation verbale, dans cette *clameur de haro* à laquelle les habitants de l'ancienne Normandie obéissaient avec une respectueuse soumission. Ce qui pouvait en 1685 n'être qu'utile, doit être sans contredit reconnu indispensable en 1806. Il ne s'agit plus que de coordonner cette institution au système général et d'empêcher qu'on ne puisse en abuser.

naux de commerce a pourvu aux cas d'urgence par l'article 6, Code de procédure civile, et par l'article 407, même Code; — voici ma réponse : Les articles 6 et 417 ne donnent ni les mêmes facilités, ni la même célérité que l'article 806, et cependant il s'agit de matières qui en demandent sinon plus, au moins autant. En effet, si un cultivateur veut faire constater les dégâts causés à ses récoltes en se conformant à l'article 6, c'est-à-dire en introduisant d'urgence une

---

3. D'après l'article 806, on ne doit prendre la voie du *référé* que dans les cas *d'urgence*, ou lorsqu'il s'agira de statuer provisoirement sur les difficultés relatives à l'exécution d'un titre exécutoire ou d'un jugement. Les lignes tracées par la seconde partie de cette disposition sont assez fortement prononcées pour qu'on ne puisse les franchir sans une évidente mauvaise foi. Quelques personnes ont paru craindre qu'il ne fût plus facile d'abuser du *cas d'urgence* dont parle la première partie, et de faire porter sous cette dénomination, à l'hôtel du président ou à l'audience des référés dont parle l'article 807, des contestations qui devraient être portées à l'audience ordinaire du tribunal. Nous croyons que cette inquiétude n'est pas fondée, et que, sans rappeler la longue nomenclature des cas prévus par l'édit de 1685, la loi s'explique assez clairement en n'attribuant à l'audience des *référés* que les *cas d'urgence*. Le discernement et la probité du président ou du juge délégué feront le reste. Renvoyant à l'audience les contestations qui ne seraient portées en l'hôtel que par une indiscrète et avide précipitation, il n'hésitera point à prononcer sur celles auxquelles le moindre retard, ne fût-il que de quelques heures, peut porter un préjudice irréparable.

4. L'article 809, qui ordonne l'exécution provisoire de ces ordonnances et qui les soustrait à l'opposition, empêche en même temps les abus qui pourraient en résulter, en prononçant que ces ordonnances ne font aucun préjudice au principal ; que par conséquent elles sont essentiellement provisoires, et qu'elles ne pourront jamais devenir définitives que par un jugement d'audience. En sanctionnant ce

5.

demande principale devant le juge de paix, il aura le plus souvent pour adversaire soit l'Etat, soit une commune, soit un hospice qui sont propriétaires de la plus grande partie des bois et contre lesquels aucune action en justice ne peut être introduite qu'après la présentation, deux mois à l'avance, d'un mémoire préalable. Il est bien évident que pendant ce délai les traces du dommage pourront disparaître, et qu'il sera presque toujours impossible de distinguer si le mauvais état de la récolte est le résultat ou d'une mauvaise préparation, ou d'un ensemencement mal fait, ou des intempéries, ou le fait du gibier.

Si le riverain, laissant de côté son véritable débiteur, s'adresse au locataire de la chasse, une nouvelle difficulté se présentera presque toujours : la division entre plusieurs du droit de chasse. Les dé-

---

principe, vous ferez sans doute, messieurs, avec nous le vœu que l'audience soit cependant rarement saisie de la contestation sur laquelle le juge aura déjà prononcé provisoirement en son hôtel. Vous désirerez, pour le bonheur des justiciables, que les jugements sur référé soient dans les départements ce qu'ils sont encore aujourd'hui dans la capitale, c'est-à-dire l'extinction totale et *définitive, parfaite,* d'une immense quantité de contestations qui, aux yeux de la loi, ne sont jugées que provisoirement. Puissent les présidents des tribunaux se pénétrer de tout le bien qu'ils pourront opérer en faisant ainsi de leur hôtel, par des jugements équitables, un temple de conciliation ! Puissent-ils imiter, faire revivre en leur personne, et en exerçant ces augustes et paternelles fonctions, ces magistrats célèbres, les Dargouges, les Dufour, les Angran d'Alleray qui, chaque soir, environnés de jeunes légistes dont ils fécondaient les talents, dont ils éclairaient le zèle, anéantissaient par des jugements provisoires rendus en leur hôtel, plus de procès qu'ils n'en avaient terminé par les jugements définitifs rendus le même jour à l'audience du matin.

gâts des cerfs concernant A, ceux des sangliers à la charge de B, ceux des chevreuils regardant C, et ceux du petit gibier revenant à D. Cette division n'a rien d'extraordinaire et existe presque dans toutes les grandes forêts; de plus, les locataires résident souvent dans des localités différentes, ce qui augmente encore les difficultés de procédure et entraîne des lenteurs forcées. Certains grands domaines sont quelquefois possédés par des étrangers (1) (celui de Chantilly a été dans ce cas pendant près de vingt ans), à l'égard desquels le demandeur par action principale est tenu d'observer les délais de distance pour les ajournements, et dans ce cas l'exercice de l'action dans les termes de l'article 6, est impossible, ou tout au moins inefficace. Ce n'est pas tout; le plus souvent le système de défense des adversaires des réclamants consiste à soutenir qu'ils ont humainement fait tout ce qui était possible pour parvenir à la destruction du gibier, ou au moins pour en réduire le nombre, qu'aucune faute ou négligence ne peut leur être reprochée, et que par suite leur responsabilité n'est pas engagée; ils demandent à faire la preuve par témoins de ces faits; et ils dénient la nécessité d'ordonner une expertise pour constater des dommages qui, s'ils existaient, ne pourraient pas être mis à leur charge. Ce système de défense est admis ou repoussé, et dans l'une ou l'autre hypothèse, un certain délai s'est écoulé, et pendant ce temps la trace des dommages s'efface, et la difficulté de les constater ou de faire la distinction entre les diverses causes du mauvais état de la récolte devient de plus en plus grande. Ce n'est pas tout encore, aux termes de la loi du 25 mai 1838, l'exécution provisoire des jugements, dit l'article 11, sera ordonnée dans tous les cas où il y a titre authentique, promesse reconnue ou condam-

---

(1) V. ci-après arrêt d'Amiens du 20 mai 1867.

nation précédente dont il n'y a point eu d'appel. Dans tous les autres cas, le juge pourra ordonner l'exécution provisoire, nonobstant appel, sans caution, lorsqu'il s'agira de *pension alimentaire* ou lorsque la somme n'exédera pas 300 francs, et avec caution, au-dessus de cette somme. La caution sera reçue par le juge de paix.

L'article 12 ajoute : S'il y a péril en la demeure, l'exécution provisoire pourra être ordonnée sur la minute du jugement avec ou sans caution, conformément aux dispositions de l'article précédent.

Comme on le voit, toutes les fois que la demande excédera 300 francs (ce qui se rencontre le plus souvent par la raison que le chiffre exact ne peut être définitivement fixé qu'après l'expertise et lorsque les mercuriales ont déterminé le prix des grains), l'exécution provisoire du jugement ne sera pas ordonnée, de sorte que si le propriétaire du bois interjette appel de la sentence nommant des experts, l'expertise ne pourra être faite qu'après que le juge du second degré aura statué, c'est-à-dire, à une époque où le plus souvent elle ne sera plus possible, ou tout au moins inefficace.

En cette matière, les dégâts se produisent notamment à deux époques; d'abord après la levée des grains à l'entrée de l'hiver, ou encore dans les derniers jours qui précèdent la maturité. C'est souvent dans une nuit qu'une harde de fauves envahit un champ, piétine et détruit la récolte. La constatation des premiers dommages peut être rendue impossible ou au moins très-difficile, par les neiges, et celle des seconds sera absolument inefficace si elle n'est pas faite sur l'heure à cause de l'impérieuse nécessité d'enlever la récolte (1). Comment concilier tout cela

---

(1) V. ci-après arrêt d'Amiens du 22 décembre 1869.

avec l'obligation pour la partie lésée de s'adresser au juge de paix par voie d'action principale !

Ma longue pratique m'a permis de constater souvent les difficultés et les entraves que je viens de signaler, et il ne faut pas perdre de vue que la juridiction des référés est une juridiction de nécessité, et que là où la nécessité se fait sentir, elle doit être ouverte. Admettre le contraire, ce serait, pour certains cas que j'ai signalés ci-dessus, proclamer une lacune dans une législation dont la France peut à juste titre être fière.

51. Une controverse très-vive existe sur cette question spéciale. La Cour d'Amiens a décidé plusieurs fois, et notamment par deux arrêts fortement motivés en date des 20 mai 1867 (1) et 22 décembre

---

(1) Considérant que, dans les cas d'urgence, les parties ont droit de s'adresser au président du tribunal, jugeant en état de référé, pour faire ordonner toutes les mesures utiles pour la constatation des faits et la conservation de leurs droits ; que le juge du référé peut seul apprécier l'urgence et ordonner, avec connaissance complète, les mesures commandées par les circonstances ; que l'article 4 du Code de procédure, en donnant au juge de paix le droit, dans le cours d'une instance, de constater l'état des lieux et d'apprécier la valeur des indemnités, n'enlève pas au président le droit général et presque discrétionnaire de pourvoir, surtout en l'absence d'une instance régulière, à toutes les nécessités qui se produisent chaque jour dans les relations ordinaires de la vie ;

« Que des ordonnances sur référé, laissant tout le droit en état, ne faisant aucun préjudice au principal, ne causant d'ailleurs aucun grief, ne changent jamais la compétence et ne privent ni les parties ni le tribunal compétent des droits qui leur sont attribués par la loi ;

« Que Tardif ne pouvait, dans l'espèce, assigner devant le juge de paix le propriétaire, domicilié à Londres, sans s'exposer à des lenteurs dommageables ;

1869 (1), que la disposition de l'article 806 était générale et absolue, et donnait le droit au juge du référé

« Adoptant au surplus les motifs du premier juge ;

« La Cour, sans s'arrêter aux conclusions de l'appelant dans lesquelles il est déclaré mal fondé, met l'appellation au néant, ordonne qué l'ordonnance de référé dont appel sortira son plein et entier effet. »

(1) « La Cour :

« Considérant qu'une disposition de la loi générale et absolue, donne au président du tribunal de première instance le droit de statuer dans tous les cas d'urgence par des ordonnances dont le caractère essentiel est de ne faire aucun préjudice au principal ;

« Qu'en dehors des matières administratives, auxquelles le principe de la séparation des pouvoirs la rend inapplicable, la procédure des référés a dans son domaine tous les intérêts civils nécessitant provisoirement une décision urgente, quelle que soit d'ailleurs la juridiction compétente pour statuer au fond ;

« Que ni le texte ni l'esprit de la loi ne permettent, en effet, d'établir une distinction entre les litiges du ressort de la justice de paix et les litiges du ressort des tribunaux civils, les nécessités dont 'le législateur a tenu compte en ouvrant aux parties la voie du référé se révélant également dans les deux classes de contestations ;

« Considérant que, pour ce qui concerne en particulier les dommages aux champs et aux récoltes, on chercherait vainement une dérogation au droit commun, soit dans l'article 5 de la loi du 25 mars 1838, qui détermine la compétence du juge de paix comme juge du fond, soit dans les articles 41 et 42 du Code de procédure civile, qui tracent des règles de nature à hâter la solution des débats ; que ces diverses prescriptions légales, motivées par des situations différentes de celles que prévoit l'article 806 du Code de procédure, inspirées par des considérations d'un autre ordre, édictées en vue d'un autre résultat, laissent intacte la faculté, pour la partie qui se prétend lésée, de provoquer une des mesures provisoires et urgentes dont l'appréciation appartient au président du tribunal de première instance ;

de statuer sur tous les cas d'urgence. D'autre part, la Cour de cassation, appelée pour la première fois à se prononcer sur cette question, l'a tranchée, le 18 décembre 1872, dans un sens opposé en cassant l'arrêt de la Cour d'Amiens (S., 1873-1-153) (1).

« Considérant que la demande des sieurs Duchauffour et consorts, tendant à la constatation par expert des dommages que le gibier de la forêt d'Hallatte aurait causés à leurs récoltes, est du 21 juillet dernier ; que, rapprochée de l'objet de cette demande, la date justifie suffisamment l'urgence qui s'attachait aux réclamations produites ;

« Considérant que de Boisgelin et de Salverte déclarent prendre les faits et cause de d'Osmond en ce qui concerne les dégâts allégués ;

« Donne acte de la déclaration ci-dessus mentionnée ; et statuant sur l'appel, met l'appellation au néant ; dit que l'ordonnance rendue le 27 juillet par le président du tribunal de Senlis sortira son plein et entier effet. »

(1) La Cour ; — Vu les articles 806 et 807, Code procédure ; — attendu que ces articles, placés sous la rubrique *des référés*, au titre 16, livre v, Code procédure, ne sauraient s'appliquer aux matières dont les juges de paix doivent connaître, suivant la loi de leur institution ; — que, pour ces matières, en effet, il a été particulièrement pourvu au cas d'urgence par l'article 6 du même code, au titre 1er du livre premier, concernant les *justices de paix* ; que c'est cet article seul qui régit la procédure à suivre en pareil cas, et qu'il se borne à permettre alors une abréviation de délais ; — que le législateur n'a pas voulu ouvrir la voie du référé pour des contestations qui, ressortissant aux justices de paix, peuvent être vidées immédiatement et presque sans frais par le juge du fond ; — attendu qu'il s'agit, dans l'espèce, d'un prétendu dommage causé aux champs et récoltes par les animaux, et qu'aux termes de l'article 5, paragraphe 1er, de la loi du 25 mai 1838, cette matière rentre dans les attributions exclusives des juges de paix. D'où il suit qu'en jugeant que le président du tribunal

Malgré tout le respect que je professe pour la Cour de cassation, je ne puis admettre les deux motifs sur lesquels reposent son arrêt. En premier lieu, je crois avoir démontré que l'article 6, Code de procédure, n'a nullement pourvu aux cas d'urgence qui surgissent en cette matière, et j'ajoute qu'en dehors de l'arrêt de réglement du Parlement de Paris, du 21 juillet 1878, aucune disposition de loi ne répond aux véritables besoins pratiques.

Le deuxième motif tiré de l'économie des frais n'est pas plus solide. Devant les juges de paix la procédure, en cette matière, est onéreuse surtout à cause des voyages et pertes de temps qu'elle nécessite aux parties qui, le plus souvent, n'habitent pas sur les lieux, et aussi à raison de la présence aux expertises du juge de paix et de son greffier, tandis que devant le juge du référé les parties, sans se déplacer, et moyennant une rétribution insignifiante et tarifée trouvent des mandataires légaux. Ordinairement, un seul expert est nommé (1) et procède à l'estimation de

---

civil avait pu compétemment ordonner une expertise pour constater et évaluer le dommage dont il s'agissait, l'arrêt attaqué a faussement appliqué, et par conséquent violé les articles ci-dessus visés ; — Casse, etc.

(1) Arrêt de la Cour de Grenoble du 13 juillet 1872 (S. 1872-2-291) ; — Qui décide que le juge des référés qui ordonne une expertise, peut ne nommer qu'un seul expert au lieu de trois, alors même que toutes les parties n'y consentiraient pas.

Attendu que si, pour être procédé aux opérations par lui ordonnées, le juge du référé n'a désigné, conformément à ce qui lui était demandé, qu'un seul homme de l'art, c'est que les circonstances ne permettaient pas d'en nommer un plus grand nombre ; — Que des trois médecins exerçant seuls à Briançon, deux étaient absents, et qu'il était impossible d'attendre leur retour; — Que le juge des référés puise dans l'urgence et les possibilités de la cause les poutous les dommages causés dans une commune par suite de l'intervention amiable des parties lésées, et presque toujours l'estimation de l'expert est acceptée, et le juge du fond n'est pas saisi du litige. Au contraire, lorsque les réclamants débutent par une action principale, il est rare que la procédure ne soit pas close par un jugement. Voilà la vérité sur la prétendue économie de frais.

52. M. Leblond, n° 430, en visant l'arrêt de cassation du 18 décembre 1872, ajoute aux motifs donnés par cet arrêt pour justifier l'incompétence du juge du référé, qu'il y aurait inconvénient de faire ordonner des mesures provisoires par un magistrat qui, d'une part, ne devra pas connaître du fond de l'affaire même, et qui, d'autre part, étant un juge d'une hiérarchie supérieure à celui qui doit la juger, rend une décision pouvant enlever à ce dernier une partie de l'indépendance et de la liberté dont il a besoin pour apprécier sainement en droit la question de responsabilité qui demeure intacte, quelles que soient les mesures provisoires qui aient été prescrites. C'est précisément parce que la question de responsabilité demeure intacte, nonobstant la mesure provisoire, que

---

voirs nécessaires ; — Que l'article 303 Code procédure n'est point applicable aux référés ; — Qu'il faudrait suivre également les prescriptions des articles 305 et suivants, et se soumettre à des lenteurs, à des délais de procédure qui enlèveraient au référé sa raison d'être ; — Qu'au surplus, il ne s'agit pas ici d'une véritable expertise, ayant ses règles tracées par le Code, mais d'une vérification prompte à l'effet de sauvegarder les droits des parties, vérification pour laquelle un seul homme de l'art a été jugé suffisant ; — Attendu que, de ce qui précède, il résulte que l'ordonnance sur référé a été bien et compétemment rendue et qu'il y a lieu de la confirmer ; — Par ces motifs, etc.

l'indépendance et la liberté du juge de paix ne reçoivent aucune atteinte. Le rapport de l'expert nommé en référé sera un élément de décision , dans les conditions de tous les rapports, qui ne lient jamais le juge ; article 323, Code de procédure civile.

53. Quand le législateur a voulu investir le juge de paix du droit de statuer sur des mesures provisoires, il s'en est expliqué. Ainsi par l'article 594, Code de procédure, il autorise ce magistrat, en cas de saisie d'animaux et ustensiles servant à l'exploitation des terres, à établir un gérant à l'exploitation ; dans l'article 921, même Code, en cas d'obstacle avant ou pendant les scellés, il peut prescrire certaines mesures, sauf à en référer ensuite au président du tribunal ; enfin, à défaut du président du tribunal de commerce, le juge de paix est autorisé par l'article 106, Code de commerce, à nommer des experts pour constater l'état des objets transportés. La conséquence à tirer de cette nomenclature restreinte et spécifiée, c'est que pour tous les cas non indiqués, il faut, en cas d'urgence, recourir au juge ordinaire du référé, c'est-à-dire au président du tribunal civil.

54. Nous terminerons cette dissertation en indiquant les motifs particuliers qui justifient la compétence du juge du référé dans les matières commerciales. Nous avons déjà démontré que l'article 417, Code de procédure, ne procure pas aux justiciables les mêmes facilités d'obtenir une prompte solution que l'article 806. D'abord les tribunaux de commerce, sauf ceux siégeant dans quelques grandes villes, ne tiennent qu'une seule audience par semaine, et il est bien difficile de faire fléchir cette règle. Le temps des membres composant le tribunal est pris par leurs affaires, quelques-uns s'absentent souvent, d'autres ne résident même pas dans la ville où siége le tribunal, de sorte qu'en fait, il est presque impossible d'obtenir une audience spéciale pour une affaire qui serait introduite à bref délai. D'un autre côté, les agréés auxquels les parties ont l'habitude de s'adresser, sont souvent absents en dehors des jours d'audience, et il est bien certain que pour ces raisons et beaucoup d'autres, la juridiction commerciale n'assure pas la même célérité que la voie du référé. Pour ce qui est des frais, elle est beaucoup plus coûteuse ; c'est en effet une grave erreur que de penser qu'on plaide presque gratuitement devant les tribunaux de commerce ; car, si devant cette juridiction, les parties ne sont pas forcées de s'adresser à des mandataires légaux, elles recourent toujours aux hommes spéciaux établis près chaque siége , et tout le monde sait que les rétributions réclamées à juste titre par ces mandataires volontaires, mais indispensables, sont généralement plus élevées que celles allouées aux avoués postulant devant les tribunaux civils. Les partisans de la doctrine que je combats cherchent encore à tirer argument de l'article 418, Code de procédure ; qu'il me suffise de faire remarquer que cet article est spécial aux affaires maritimes, qu'il trace une procédure particulière pour les cas *soudains* et *urgents,* et que du moment où le législateur n'a pas cru devoir introduire les mêmes dispositions en rédigeant l'article 417, c'est qu'il a entendu s'en référer à la procédure spéciale édictée au titre XVI *des référés ;* aucune connexité n'existe entre ces deux articles qui, au contraire, disposent en vue de cas différents.

Une dernière objection est présentée : on dit, le juge du référé ne peut pas renvoyer à l'audience ! Oui, sans doute, mais rien ne l'empêche de décider ou que les choses resteront en l'état ou de prescrire telle mesure urgente, à la charge par le demandeur de former, dans un court délai déterminé, une demande principale devant le tribunal compétent. En général le renvoi à l'audience n'est guère prononcé que dans ces termes, même dans les affaires du ressort de la juridiction civile.

55. La voie du référé en matière commerciale est de pratique constante ; la compétence est bien rarement contestée, parce que les parties reconnaissent elles-mêmes que dans bien des cas le recours immédiat à l'action principale serait funeste à leurs intérêts. Sans entrer dans des détails, signalons néanmoins quelques exemples :

Dans un établissement de distribution d'eau à une ville, un mécanicien fournit un générateur qui fonctionne mal, ou qui éclate aussitôt posé, il y a dans ce cas une constatation immédiate à faire et nécessité de remplacer cette machine, sous peine de priver d'eau toute une population. Le même fait peut se produire dans une fabrique de sucre et dans divers autres établissements où l'emploi des chaudières à vapeur est indispensable. En matière de construction, de chemins de fer, de bâtiments, de ponts, etc., des conflits surgissent fréquemment entre les divers entrepreneurs ou fournisseurs, et sous peine de tout interrompre, il y a absolue nécessité de prendre sur le champ des mesures provisoires. La gestion des établissements industriels et commerciaux peut aussi présenter des périls tels qu'un expédient immédiat soit indispensable ; en agriculture, la vente et la livraison des produits à des industriels ou commerçants motivent aussi des mesures urgentes ; exemple : des betteraves prêtes à être chargées en bateau, sont refusées et la gelée commence. Faudra-t-il les laisser perdre ? Ou bien elles sont déposées sur la berge et avant l'arrivée de l'embarcation, une crue est annoncée dans vingt-quatre heures, devra-t-on les laisser entraîner par les flots plutôt que de provoquer une mesure provisoire ? S'il fallait, dans tous ces cas et dans une infinité d'autres, réunir extraordinairement les juges de commerce ou même attendre les jugements statuant au principal, la réception des cautions en cas d'exécution provisoire, la solution des appels interjetés, etc., des préjudices considérables s'en suivraient et quelquefois même des ruines, l'intervention du législateur serait bien vite demandée pour remédier à un pareil état de chose.

56. Il est vrai que plusieurs arrêts assez récents ont statué dans un sens opposé à notre opinion ; mais trois de ces arrêts (C. de Paris, 15 sept. 1867 ; S., 1868-2-224) ; la Cour de Cass. 13 juillet 1871 (S., 1871-1-66), et la Cour de Lyon 13 juin 1872 (S., 1872-2-124), ont été rendus à l'occasion de difficultés qui ressortissaient au fond des tribunaux administratifs, et comme la séparation des pouvoirs judiciaire et administratif est un principe d'ordre public qui domine toute la législation, il est évident que le président, statuant en référé, et exerçant ainsi un pouvoir judiciaire, n'est pas compétent dans les matières administratives ;

Si on examine d'un peu près l'arrêt rendu par la Cour d'Amiens, le 26 mai 1875 (S., 1875-2-297), on reconnaît tout de suite que la cause ne présentait pas les caractères d'urgence qui ordinairement décident les parties à prendre la voie du référé ; il s'agissait en effet de difficultés sur l'exécution d'un marché de mélasses, et rien ne paraissait démontrer qu'une mesure urgente fût nécessaire. La Cour de Rouen, dans un arrêt du 3 décembre 1867 (S., 1868-2-226), a tranché nettement la question et proclamé en principe la compétence du juge de référé (1). Dans le même

---

(1) La Cour ; — Attendu que les tribunaux civils sont les juges du droit commun dans les contestations d'intérêt privé, tandis que les tribunaux de commerce sont des juges d'exception pour les seules matières commerciales

sens, V. Nancy, 6 juillet 1850 (S., 1851-2-15) ; Douai, 20 janvier 1852 (S. 1852-2-257). Paris, 6 janvier 1866 (S., 1866-2-41). Quoique ce dernier arrêt paraisse s'être borné à préciser la différence qui distingue les ordonnances rendues sur simple requête et les

---

et dans les limites expressément tracées par la loi ; — Attendu que de cette distinction il suit naturellement que tout ce qui n'a pas été placé sous la juridiction de ces tribunaux appartient à celle des tribunaux civils ; — Attendu que c'est dans cet esprit qu'ont été conçus les articles 806 et 807 Code procédure civile, au titre des référés qui ont constitué le président du tribunal de première iustance juge provisoire des difficultés élevées contre les parties dans tous les cas d'urgence, sans aucune distinction entre les matières civiles ou commerciales ; qu'il n'est pas permis de distinguer où la loi ne distingue pas ; — Attendu, d'ailleurs, qu'aucune disposition analogue ne confère une semblable juridiction au président du tribunal de commerce, dont tout le pouvoir, aux termes des articles 417 et 418 du Code précité, se borne à rendre des ordonnances portant permission soit d'assigner à bref délai, soit de pratiquer la saisie d'effets mobiliers, avec ou sans caution ou sur justification de solvabilité suffisante ; qu'un pouvoir aussi limité est loin de répondre aux nécessités de l'urgence, l'assignation à bref délai devant un tribunal consulaire n'assurant pas une décision immédiate comme la citation en référé ; qu'on ne saurait donc admettre que, dans les matières commerciales, plus urgentes de leur nature que les matières civiles, le référé fût interdit ; que la conséquence en est que le président du tribunal de première instance, seul investi de cette juridiction, est compétent pour statuer dans tous les cas d'urgence que les affaires commerciales peuvent présenter, qu'en outre les articles 806 et 807 du Code procédure civile, placés à la fin de cette première partie du Code qui concerne la procédure devant les tribunaux, couvrent évidemment l'ensemble de la législation qui les précède et achève de les compléter ; — Attendu qu'il y avait urgence évidente à statuer provisoirement sur une difficulté relative à la présidence, et partant à l'administration

ordonnances de référé, il n'a pas moins, en évoquant le fond et en statuant sur appel d'une *ordonnance de référé*, nommé un séquestre pour administrer un *établissement commercial ;* ce qu'avait fait l'ordonnance de référé (annulée pour vice de forme). Les faits énoncés dans cette décision démontrent une fois de plus que la voie du référé est la *seule qui puisse être employée dans certaines circonstances*, mais comme le proclame l'arrêt : *parties entendues ou appelées !* (1).

---

d'une société à responsabilité limitée où sont engagés des intérêts considérables ;

Au fond : — Attendu qu'il est constant qu'à la date du 1er octobre 1867, lors de l'élection pour la présidence du Conseil d'administration de l'entreprise des Remorqueurs réunis, tous les intéressés ayant droit de suffrage étant présents ou représentés, les voix se sont partagées également entre Blanchet et Lenormand dont la présidence était expirée ; que ce point de fait est d'autant plus certain que jusqu'ici l'éligibilité seule de Blanchet a été contestée sur le motif d'un défaut de qualité, c'est-à-dire par un moyen tiré du fond dont le juge du référé ne peut connaître ; mais que, dans ce regrettable conflit et en attendant qu'il soit vidé, il est conforme aux usages reçus que le partage égal des voix compte en faveur de celui des deux candidats que désigne le bénéfice de l'âge, circonstance qui n'est pas déniée à Blanchet ; — Par ces motifs, etc.

(1) La Cour ; — Considérant qu'à la date du 2 décembre dernier, Leprombt et Court ont présenté requête à M. le président du tribunal de la Seine, exposant divers griefs contre les gérants de la Société des journaux réunis *le Constitutionnel* et le *Pays*, et demandant qu'ils fussent remplacés par un séquestre ; que cette requête a été répondue par une ordonnance conforme, laquelle a été déclarée exécutoire sur minute, et n'admettant le référé qu'après la mise en possession du séquestre désigné, à charge de former préalablement une demande au fond ; —

57. La compétence du juge des référés, *rationæ loci et personæ*, se détermine par les mêmes règles que la compétence du tribunal par rapport au fond, Pau, 31 août 1837 (S., 1839-2-468); Amiens, 26 mai 1875 (S., 1875-2-297); Bioche, dict. de proc., v° référé, n° 235; de Belleyme, ordon. sur req. et réf., 3ᵉ édit., t. Iᵉʳ, p. 400). Toutefois les art. 554, 607, 786, 829, 845 et 921, C. proc., attribuent juridiction au juge du lieu.

Considérant que ladite ordonnance étant exécutée, Gibiat s'est pourvu contre elle, tant par assignation, devant le tribunal de la Seine, que, par appel, devant la Cour; et que le tribunal s'étant déclaré incompétent (par jugement du 5 décembre), appel de cette décision a été émis par lui tant contre les parties en cause que contre les séquestres; que Rabinel et consorts interviennent sur lesdits appels; — Considérant que l'intervention est recevable, puisque l'ordonnance a statué à l'égard des intervenants; mais qu'elle ne peut avoir lieu qu'à leurs frais, leur intérêt étant déjà représenté au procès, et que, dans l'état des faits, les séquestres devaient être mis en cause;

En ce qui concerne l'ordonnance du 2 décembre; — Considérant que les intimés soutiennent l'appel non recevable, l'ordonnance étant, suivant eux, un acte de juridiction dite gracieuse, et non attaquable par la voie de l'appel; — Considérant que le président du tribunal a une double compétence; qu'il statue par voie d'ordonnance sur requête, ou par décision en suite de référé; mais qu'il ne suit pas de là que les demandeurs puissent le saisir à leur gré et indifféremment par l'un ou l'autre de ces modes de procéder; — Que la loi a dit quand l'ordonnance sur requête pouvait être rendue; que si, dans l'usage, le cercle dans lequel cet acte d'administration judiciaire peut intervenir a été élargi, c'est nécessairement pour des cas analogues à ceux déterminés par la loi, et dont le caractère essentiel est que la mesure réclamée ne constitue pas une véritable demande et n'appelle pas de contradiction; — Que la compétence du juge de référé, au contraire, s'étend à toutes les

CHAPITRE XI.

COMPÉTENCE DES JUGES DE PAIX.

58. La loi du 25 mai 1838, article 5, paragraphe Ier,
attribue compétence aux juges de paix pour connaî-
tre en premier ressort, à quelque somme que la demande puisse monter, des dommages aux champs,

contestations judiciaires ; qu'elle constitue une juridiction
universelle, sous la seule condition de l'urgence ; qu'elle ne
peut, dès lors, s'exercer que parties entendues ou appelées ; — Considérant qu'en présence de deux compétences
aussi radicalement différentes, l'une amenant une décision
sans débat et irrévocable, l'autre un jugement parties
appelées et sujet à recours, il est manifeste que le choix
ne peut être abandonné soit à la partie, soit même au
juge ; — Considérant que, s'il est une règle de compétence
qu'il importe de maintenir, c'est incontestablement celle
dont il s'agit ; — Que la procédure de référé introduit déjà
une large exception au droit commun ; qu'elle supprime
presque toutes les formes et délais dont les décisions de la
justice et leur exécution sont ordinairement entourées ; —
que si, allant au delà, on faisait encore passer les faits
soumis à cette juridiction dans la compétence de l'ordonnance sur requête, on peut dire qu'on arriverait à supprimer la justice elle-même, c'est-à-dire la défense et les débats avant jugement ; — Considérant que tel serait le
résultat inévitable du système présenté par les intimés,
lequel consiste à soutenir que, parce qu'ils ont adopté la
voie de la requête au lieu de celle de référé, la décision
intervenue est irrévocable, en sorte que, qu'elle que fût la

6

fruits et récoltes, soit par l'homme, soit par les animaux. Par le mot champs, on ne doit point en-

---

matière sur laquelle il eût été statué, quels que fussent les droits lésés ou compromis, tout recours des intéressés serait impossible, car, si l'appel était non recevable, le pourvoi le serait par le même motif ; — Considérant qu'il est inutile de démontrer où conduirait une telle théorie ; qu'en telle matière, ce ne peut être la forme de la demande ou de la décision qui détermine la compétence, mais bien la nature de la chose demandée : si la mesure réclamée constitue un acte qui n'appelle pas de défendeur, elle tombe sous l'autorité d'administration du juge ; si elle indique, au contraire, un contradicteur, si elle constitue en réalité une action contre un défendeur, c'est au pouvoir judiciaire du magistrat qu'il est fait appel, pouvoir qui ne s'exerce qu'à la charge de défense et de contradiction possible ; — Considérant, en fait, que Leprompt et Court demandaient à la date du 2 décembre, qu'un ou plusieurs individus par eux désignés fussent dessaisis de la possession d'un établissement commercial, et remplacés par un séquestre ; qu'ils formaient ainsi une véritable demande contre un défendeur par eux indiqué ; — Que c'est là une action judiciaire, contentieuse par sa nature, et de plus déclarée telle par la disposition formelle de l'article 1961 Code Napoléon ; en sorte que la requête demandait au juge non pas seulement un acte que la loi n'a pas compris dans sa juridiction d'administration, mais une décision qu'elle en a formellement exclue, et à laquelle elle impose le caractère de jugement ; — Considérant que, sans doute, l'urgence aurait autorisé le magistrat à suppléer le tribunal en cette circonstance, mais seulement dans la forme et sous les conditions prescrites par les articles 806 et suivants, Code procédure ; — Qu'en s'affranchissant de ces formalités, les intimés n'ont pu en détruire la nécessité, et que l'ordonnance par eux obtenue, quoique inspirée par un désir évident de bonne administration de la justice, intervenue sur une procédure irrégulière, ne peut, par cela, échapper à l'appel et à l'examen du deuxième degré de juridiction ; — Considérant qu'on articule vainement que Gibiat, n'étant

tendre le sol même, mais uniquement les produits du sol qui seuls rentrent dans les prévisions de la loi. La compétence du juge de paix cesse lorsque le

---

pas présent à l'ordonnance, n'a pu en appeler ; que l'absence dudit appelant devant le premier juge est précisément le grief qu'il articule à bon droit ; — Que l'ordonnance dans son texte accepte les faits exposés en la requête, laquelle désigne le défendeur et précise son intérêt ; — Que la violation d'un droit ne peut prévaloir contre le droit lui-même, et la défense être interdite en appel parce qu'elle a été rendue impossible en première instance ; — Considérant que les intimés opposent qu'il est des situations, et notamment celle dans laquelle ils se trouvaient le 2 décembre, aux intérêts desquelles la procédure de référé ne peut pourvoir suffisamment ; qu'il faut bien dès lors étendre la compétence de l'ordonnance sur requête ; considérant qu'en admettant, ce qui n'est pas, que la procédure de référé, malgré sa rapidité, puisse être encore trop lente dans certains cas, il n'y aurait pas là une raison acceptable pour supprimer arbitrairement le droit de la défense, qui constitue le grand intérêt de l'administration de la justice et qui domine tous les autres ; — Que, d'ailleurs, toutes les règles de procédure, tous les délais qu'elles imposent, peuvent par exception blesser des intérêts individuels ; mais que, pour cela, les dispositions qui constituent le droit général ne peuvent être écartées par le juge et pour le besoin de circonstances particulières dont l'appréciation lui appartiendrait ; — Considérant, en résumé, qu'il résulte des motifs sus-énoncés que l'appel de l'ordonnance du 2 décembre est à la fois recevable et bien fondé ;

Sur l'appel du jugement du 5 décembre : — Considérant qu'ainsi qu'il l'a reconnu, le tribunal était incompétent, soit que l'ordonnance qui était attaquée devant lui fût en réalité un acte de juridiction gracieuse, soit qu'elle eût le caractère d'une décision en matière contentieuse, l'autorité du président remplaçant celle du tribunal et ne pouvant dès lors être déférée à celui-ci dans aucun de ses actes ; — reçoit l'appel et l'intervention ; et statuant entre toutes les

dommage atteint le fonds lui-même. Cass., 5 janvier 1858, Ch. c. (S., 1858-1-302 (1), et 25 août 1869 (S., 1869-1-473 (2).

---

parties, met à néant l'ordonnance du 2 décembre ; — et considérant que le paragraphe 2 de l'article 473, Code procédure, autorise le tribunal d'appel à évoquer le fond de la cause toutes les fois qu'il infirme une décision pour vice de forme ou tout autre motif ; — Considérant que, dans l'espèce, le fond consiste exclusivement dans la nomination d'un séquestre ; — Que cette nomination, déjà nécessaire devant le premier juge, l'est devenue davantage depuis l'appel, et que le débat contradictoire devant la Cour a mis la cause complétement en état de recevoir décision ; — Evoquant en statuant au fond, nomme Barthélemy séquestre administrateur du journal *le Constitutionnel ;* confirme le jugement du 5 décembre, etc.

(1) La Cour : sur le premier moyen du pourvoi : — Vu les articles 1 et 5 de la loi du 25 mai 1838 sur les justices de paix; — Attendu qu'il résulte, en fait, du jugement attaqué et des jugements du juge de paix du canton de Bertincourt des 29 mai et 12 juin 1855, qu'il a confirmés, que la demande de J.-B. Bancourt, propriétaire d'un manoir composé de maison, grange, étable à vaches, écuries, puits, etc., sis en la commune de Ruyaucourt, avait pour cause l'extraction, clandestinement faite par Louis Lebret, à l'aide d'un puits creusé par ce dernier dans son propre terrain, d'une grande quantité de moëllons, par plusieurs excavations pratiquées depuis quatre ans sous le terrain et les bâtiments de Bancourt; et qu'elle tendait à faire condamner ledit Lebret à payer audit Bancourt la somme de deux mille cinq cents francs, tant pour les matériaux extraits sous la propriété de celui-ci que pour dommages-intérêts en réparation du préjudice causé à cette propriété; — Attendu que suivant l'article premier de la loi du 25 mai 1838, les juges de paix connaissent de toutes actions purement personnelles ou mobilières, en dernier ressort, jusqu'à la valeur de cent francs, et à charge d'appel, jusqu'à la valeur de deux cents francs ; et que, d'après l'article 5

59. La généralité des termes de l'article 5 comprend-elle les dommages causés par le gibier dans des pépinières ? La culture de jeunes arbres constitue

---

numéro 1er, ils connaissent également, sans appel, jusqu'à la valeur de cent francs, et à charge d'appel, à quelque somme que la demande puisse s'élever « des actions pour dommages faits aux champs, fruits et récoltes, soit par l'homme, soit par les animaux ; » — Attendu que cet article 5 qui étend indéfiniment, quant à la quotité de la somme demandée, la compétence en premier ressort des juges de paix, est une disposition exceptionnelle à la règle générale posée en l'article premier et que, comme telle, elle doit être restreinte strictement aux objets énumérés audit article 5 ; — Attendu que le motif de cette extension de compétence en matière de dommages faits aux champs, fruits et récoltes, soit par l'homme, soit par les animaux, tient à la facilité et à la nécessité de constater et de réprimer à l'instant ces dommages dont les traces peuvent promptement disparaître ; qu'on ne peut ranger dans cette catégorie des faits de la nature de ceux imputés par Bancourt à Lebret ; — Attendu, dès lors, que l'action résultant de ces faits, d'après leur nature et l'importance de la somme de deux mille cinq cents francs réclamée à titre de réparations et de dommages-intérêts, rentrait sous l'empire de la règle générale établie par l'article premier de la loi précitée et sortait de la compétence, même en premier ressort du juge de paix.

(2 *de la page 100*) La Cour : — Sur le premier moyen : — Attendu en fait que, par les dernières conclusions qu'il a prises devant le tribunal et qui ont ainsi déterminé l'état du litige, Roumiguière demandait uniquement la réparation du dommage que la fumée de l'usine à zinc de Beudin avait causé au fonds même de la propriété, que lui, Roumiguière, possède dans le voisinage, en en dépréciant notablement la valeur ; — Que le litige, intéressant ainsi la propriété elle-même, ne rentrait point dans les prévisions de l'article 5 de la loi du 25 mai 1838 qui n'attribue compétence aux juges de paix que pour les actions en réparation du préjudice causé aux fruits et récoltes ; — Que c'était donc aux tribunaux ordi-

6.

un fruit, un produit du sol, qui exige, il est vrai, des travaux et des soins particuliers, mais dont la nature n'en est pas pour cela modifiée. Peu importe que la récolte ne se recueille pas annuellement, elle n'est pas plus pour cela une dépendance du sol que toutes les autres espèces de récoltes qui, comme les pépinières, restent immeubles aussi longtemps qu'elles ne sont pas détachées. (Cass., 22 avril 1873; S., 1873-1-321.)

60. La citation sera donnée comme le prescrit l'article 3 du Code de procédure civile devant le juge de la situation de l'objet litigieux.

61. La compétence du juge de paix cesserait si l'action en indemnité dérivait de l'inexécution d'un acte sur l'interprétation duquel les parties seraient en désaccord. Dans ce cas, la juridiction ordinaire doit seule connaître du litige.

Ainsi, il arrive assez souvent que le propriétaire d'un domaine comprenant des bois et des terres, lorsqu'il consent bail de la partie cultivable, stipule que le fermier n'aura pas le droit de lui réclamer des dommages-intérêts, à raison des dégâts que le gibier causerait à ses récoltes. Une pareille clause peut

---

naires qu'il appartenait de connaître de la cause; qu'il en aurait été encore ainsi alors même que l'action en réparation aurait porté sur le préjudice causé aux fruits et récoltes en même temps qu'au fonds même de la propriété; — Qu'il est de principe, en effet, que dans le concours de deux juridictions, l'une exceptionnelle, l'autre ordinaire et de droit commun, c'est celle-ci qui doit connaître de l'action; — D'où il suit qu'en retenant la cause et en la jugeant, la Cour impériale de Montpellier n'a point violé la disposition précitée, mais a fait à cette cause une juste application des principes qui la régissent.

donner lieu à une interprétation ne rentrant pas dans la compétence du juge de paix, mais bien dans celle du tribunal civil.

62. Nous venons de citer un cas où le juge de paix devra s'arrêter devant l'exception qui serait élevée devant lui relativement à l'interprétation à donner à la clause d'un bail. Dans ce cas, le juge de paix devra-t-il surseoir à statuer sur l'action jusqu'à ce que la juridiction ordinaire ait tranché la question préjudicielle, ou bien devra-t-il se dessaisir définitivement de la demande? En principe, la connaissance de l'action en réparation du dommage étant de la compétence exclusive du juge de paix, je pense qu'il devra prononcer un sursis, et, après solution de la question préjudicielle, trancher définitivement le débat touchant l'indemnité.

63. Lorsque plusieurs petits propriétaires ou locataires de terres voisines d'un bois ont à se plaindre en même temps des dégâts commis par le gibier, peuvent-ils s'entendre entre eux et former une action collective par un même exploit? rien ne s'oppose à ce qu'ils procèdent ainsi; c'est un moyen d'éviter des frais et d'obtenir une solution plus prompte, mais chaque intéressé devra préciser sa réclamation et comme en fait, chaque demande distincte formera un procès partiel, le juge statuera en premier ou en dernier ressort en prenant pour base la somme réclamée individuellement et non collectivement (Cass., 7 mars et 22 juin 1870).

64. Le juge de paix n'est pas tenu d'ordonner une expertise pour apprécier la valeur des indemnités réclamées; il peut statuer sur les documents qui lui sont présentés ou visiter les lieux lui-même en présence des parties. Dans les affaires présentant une certaine importance, et lorsque le dommage exige des connaissances spéciales, il nommera des experts qui feront la visite avec lui et donneront leur avis. Dans les causes sujettes à l'appel, procès-verbal de la visite sera dressé par le greffier qui constatera le serment prêté par les experts. La constatation de ces sortes de dommages nécessite ordinairement au moins trois visites aux époques indiquées dans l'arrêt du parlement de Paris du 21 juillet 1878, que nous avons rapporté plus haut et ce ne sera qu'après ces trois visites que le juge pourra statuer en connaissance de cause.

65. Ce mode de procéder peut faire naître une question fort importante, celle de savoir si, conformément à l'article 15 du Code de procédure civile, le jugement définitif ne pouvant être rendu dans les quatre mois qui suivent le jugement interlocutoire, la péremption de l'instance peut être demandée et or donnée. Ce n'est pas mon sentiment; cette péremption n'a pas été établie dans l'intérêt public, elle n'a été édictée que dans l'intérêt du défendeur ; l'article 15 précité punit une négligence qui ne peut être reprochée au demandeur en indemnité, puisque les trois visites jugées indispensables pour éclairer le juge ne peuvent être faites dans le délai de quatre mois, et que l'exécution du jugement interlocutoire est forcément interrompue jusqu'à la clôture du rapport des experts. Dans ce cas, la péremption est nécessairement suspendue et ne peut courir qu'à partir du jour du dépôt du rapport des experts. (Cass., 25 août 1866.)

La Cour de cassation, dans un arrêt du 19 juin 1877, s'est occupée de nouveau de la question, sans la résoudre. Dans cette espèce, il était constant que le 4 août 1874, les parties se trouvant sur les lieux litigieux avaient renoncé à invoquer le moyen de péremption en demandant d'un commun accord un délai assez long afin d'essayer de se concilier pendant ce laps de temps, et que le juge de paix, adhérant à la demande des parties et de leur consentement, avait renvoyé la cause au 5 décembre pour prononcer le jugement définitif. Le consentement des parties et la renonciation à se servir du moyen de péremption édicté par l'article 15 se trouvant authentiquement constaté par le juge de paix, on comprend difficilement que la péremption ait pu être demandée par la partie défenderesse. Elle le fut néanmoins, et par jugement du 30 décembre 1875, le tribunal de Castel-Sarrazin écarta le moyen, et à son tour, la Cour de cassation, se basant sur les faits constatés par les premiers juges, rejeta le pourvoi, et, comme nous le disions il y a un instant, on ne peut rien inférer de cette décision de la Cour suprême.

66. Dans les affaires non sujettes à appel, le point de départ de la péremption serait le jour de la visite, s'il n'y en a qu'une, ou de la dernière, s'il y en a plusieurs, puisque, d'après l'article 43 du Code de procédure civile, il n'y a pas lieu à dresser un procès-verbal de l'expertise.

CHAPITRE XII ET DERNIER.

Paragraphe 1er. — De l'opposition.

67. Comme tous les autres jugements, ceux rendus par les juges de paix dans la limite de leur compétence, en matière de dégâts de gibier, sont susceptibles d'opposition s'ils sont par défaut et d'appel, s'ils sont contradictoires, et même du pourvoi en cassation pour excès de pouvoir.

Le titre III du Code de procédure civile trace la marche à suivre pour les oppositions, et en détermine les conditions.

Paragraphe 2. — De l'appel

68. L'élection d'un domicile unique par plusieurs parties demanderesses procédant collectivement, n'autoriserait pas le défendeur qui se serait laissé condamner par défaut et qui formerait opposition au jugement, à ne signifier qu'une seule copie pour tous les demandeurs. Cette élection de domicile n'impliquerait nullement que les parties renonçassent à être individuellement frappées par la notification. Une telle renonciation, si elle est possible, ne saurait être en tous cas que formelle ; et encore ne serait-elle régulièrement admise à produire effet qu'en vertu d'un pouvoir spécial donné par les parties elles-mêmes. Si la jurisprudence a parfois admis que les parties renonçassent à la fois et à la notification au domicile réel et à la signification individuelle, elle a constamment exigé qu'une déclaration spéciale émanée d'elles vint autoriser l'emploi d'une seule et même copie pour toutes. (Bourges, 14 mai 1861 ; Sirey, 1861, 2-507 ; Rouen, 22 août 1877.)

69. L'application de cette doctrine résulte encore d'un jugement rendu par le juge de paix de Pont-Sainte-Maxence, le 5 juillet 1878, confirmé sur appel par le tribunal de Senlis le 19 mars 1879, dans une contestation pour dommages aux champs.

70. La loi du 25 mai 1838 sur les justices de paix promulguée le 6 juin, détermine dans quels cas les jugements rendus par les juges de paix peuvent être frappés d'appel, et indique les délais à observer, et trace la marche à suivre.

71. Quelques défendeurs, pour échapper au dernier ressort demandent reconventionnellement, à titre de dommages-intérêts, une somme excédant le taux du dernier ressort. C'est souvent un moyen de frauder la loi, mais tant que le législateur n'aura pas complété la loi du 25 mai 1838, par une disposition analogue à celle insérée dans le dernier paragraphe de l'article 2 de la loi du 11 avril 1838 (1) sur les tribunaux de première instance, le juge de paix devra statuer en premier ressort, alors même qu'il considérerait que la demande n'est pas sérieuse. C'est en ce

---

(1) Néanmoins il sera statué en dernier ressort sur les demandes en dommages-intérêts, lorsqu'elles seront fondées exclusivement sur la demande principale elle-même.

sens, du reste, que la Cour de cassation s'est prononcée par trois arrêts des 10 mai 1865 (S., 1865-1-327), 26 mars 1867 (S., 1867-1-170) et 6 mai 1872 (S., 1872-1-296). Ce dernier arrêt est ainsi conçu : La Cour, vu l'article 8 de la loi du 25 mai 1838 : —Attendu que la compétence du juge de paix se règle, non d'après la somme réellement due, mais d'après ce qui est demandé par les parties ; — Attendu que le litige soumis au juge de paix de Castets comprenait une demande principale s'élevant à la somme de 40 francs, et une demande reconventionnelle de la somme de 150 francs, excédant le taux du dernier ressort; — Attendu que le jugement intervenu, en statuant sur ces deux demandes, n'a pu le faire qu'à charge d'appel, et qu'il n'était pas au pouvoir du tribunal civil de Dax d'attribuer à cette décision l'autorité d'un jugement en dernier ressort, par le motif que la demande reconventionnelle n'était pas sérieuse ; — D'où il suit qu'en déclarant l'appel des demandeurs non-recevable, et en refusant de statuer au fond, le jugement attaqué a violé l'article 8 de la loi sus-visée. — Cass, etc., du 6 mai 1872, Ch. civ.

M. Sorel, n° 136, en examinant cette question, dit avec beaucoup de raison qu'il n'appartient pas aux magistrats de rechercher le mobile qui a pu inspirer une demande reconventionnelle, et que la partie, en pareil cas, est en droit d'opposer le vieil adage : *Feci, sed jure feci.*

MM. Jay, *Traité de la compétence des juges de paix,* n° 1063, Guilbon, *id.,* n° 56, expriment la même opinion. M. Bioche, *Dictionnaire de procédure,* v° Compétence des tribunaux de paix, n° 439, se prononce en sens contraire.

72. Lorsque le demandeur ne fixe aucune somme et se borne à conclure à la responsabilité du propriétaire du bois et à l'allocation d'une indemnité à déterminer ultérieurement par expertise, le jugement sera-t-il en premier ou en dernier ressort ?

Il faut distinguer si l'indemnité n'excède pas 100 francs, la sentence ne sera pas susceptible d'appel ; dans le cas contraire, elle pourra être attaquée par cette voie. Un jugement du tribunal civil de Melun du 21 février 1862, paraît contraire à notre doctrine.

FIN.

TABLE

DES MATIÈRES.

PREMIÈRE PARTIE

INTRODUCTION

DEUXIÈME PARTIE

Les voisins du bois ne sont pas fondés à demander aux tribunaux à pratiquer eux-mêmes cette destruction, et ils commettraient un délit de

CHAPITRE DEUXIÈME

LIÈVRES

Dans les nombreuses décisions intervenues sur

CHAPITRE TROISIÈME

FAISANS, PERDRIX.

CHAPITRE QUATRIÈME

PIGEONS DE COLOMBIER.

CHAPITRE CINQUIÈME

PIGEONS RAMIERS, TOURTERELLES, PIES, GEAIS ET CORBEAUX.

CHAPITRE SIXIÈME

CERFS, BICHES, CHEVREUILS ET DAIMS.

CHAPITRE DIXIÈME

COMPÉTENCE DU JUGE DU RÉFÉRÉ POUR ORDONNER
UNE EXPERTISE A L'EFFET DE CONSTATER ET D'ÉVALUER
LE DOMMAGE.

CHAPITRE ONZIÈME

COMPÉTENCE DES JUGES DE PAIX.

CHAPITRE DOUZIÈME ET DERNIER

DES VOIES ORDINAIRES POUR ATTAQUER LES JUGEMENTS EN MATIÈRE DE DÉGATS CAUSÉS PAR LE GIBIER.

§ 1er. — *De l'Opposition.*

§ 2. — *De l'Appel.*

FIN DE LA TABLE.

CHAUMONT. — IMPRIMERIE C. CAVANIOL.